圖解 日本史

郭珮君／著

閱讀文字

理解內容

觀看圖表

圖解讓
日本史
更好看

推薦序 1

　　郭珮君女士畢業於臺灣大學日本語文學系,之後進入臺灣大學歷史系攻讀碩士與博士班,她的研究方向一直是日本文化史與東亞跨領域的文化交流史,本書的誕生,可以視為她長期關注日本歷史與文化關係的成果。珮君囑我寫序,因此對於本書內容得以先睹為快,閱讀之後,認為本書有以下三點特色,特別值得與諸位讀者分享。

　　第一,本書分成七個章節,共有一百個主題,掌握了日本古代至現代的歷史脈絡。透過這一百個主題,讀者可以簡要地理解日本歷史與文化的概要,在作者深入淺出的介紹下,讀者亦可對日本歷史有一個綜合性、連貫性的認識。

　　第二,該書雖然是日本歷史的入門書,但也具有一定程度的學術性,讀者可以在作者的行文中,見到日本學界最新的歷史研究課題,延伸我們對相關主題的認識與反省,這是本書十分珍貴之處。

　　第三,本書雖然主題是日本歷史,但作者描述的方法是將日本置於東亞跨領域的文化交流觀點中,探討日本歷史與文化之間的關連性,寫法兼顧趣味性與學術性,值得讀者細細品味。

　　對於今日身處台灣的我們,日本是我們最熟悉的鄰國之一。如果你想要更進一步認識過去及今日的日本,這本書是最好的入門書,期待讀者可以帶著本書至日本,進行一趟探索日本歷史與文化關係的時空之旅,是為序。

徐興慶 臺大日文系教授 / 日本研究中心主任
2016 年 3 月 22 日寫於九州大學國際交流會館

推薦序 2

　　臺大歷史系博士候選人郭珮君女士撰成《圖解日本史》一書，出版在即。我有幸閱讀書稿，深以為這是一本值得推薦的日本史入門書與普及書，故為文推薦。

　　瞭解日本是學術界的當務之急。其實台灣沒有想像中的那麼認識日本。戰後臺灣因為政治等原因，除了日本語教育得到政府等公部門的支持外，其他的日本研究則是沒錢與少人。戰後臺灣經歷了一段親日與反日的紛爭，在經濟富裕後則進入了哈日的階段。雖然日本的流行文化大舉進入台灣，但是一般人對於日本的歷史、文化的知識卻是意外淺薄。早就有學者大聲疾呼要擺脫親日或反日的情結，進行知日的教育。在舊世代過去，新世代來臨的今天，這種知日的呼聲更顯意義。

　　這幾年來，台灣的教育部門大力推動日本研究，如大學紛設日本研究中心。歷史學界也加強日本史師資延攬、課程開設與研究生培育。臺大在這方面也有相當成就。郭女士就是臺大在這一階段日本研究革新計畫中所培育的佼佼者。郭女士自臺大日文系畢業後，考入臺大歷史系碩士班，即以日本史為專業。其後又以優秀成績考入博士班。在歷史系階段，與我共同研究東亞古代史。今年起，郭女士得科技部獎學金，赴東京大學留學。郭珮君女士是臺灣近年來難得培養出來的日本史學者。

　　無庸贅言，日本史是一門大學問，學派林立，論爭不斷。本書沒有要為這些論爭斷案。當然本書作為嚴謹的著作，是要告訴讀者真實的歷史。郭女士所撰寫的每個主題都是現在日本史的主要關心所在，而內容也是目前學界的最大共識。讀完本書，讀者可以知道目前日本的一般大學生程度的日本史知識為何。當然日本史的課題數不盡，異議也是不斷。我也希望讀者能利用本書所提供的日本史專業知識，自行探索浩瀚的知識之海，再繼續念更深、更專業的日本史專著。我想這也是作者撰此書之幸。

　　再次向讀者推薦此書，也希望各位享受閱讀此書的樂趣。

甘懷真 臺大歷史系教授

2016 年 3 月 25 日於臺大歷史系研究室

作者序

　　對很多人來說，日本可以說是最熟悉的異國。

　　東京的櫻花、京都的紅葉、北海道的大雪紛飛常是社群網站上不斷出現的景色。哪裡的壽司最新鮮、哪裡的拉麵湯頭最濃郁、哪裡的甜點最當季，都是前往日本旅遊前必備的資訊。每個人的周遭，好像都至少有一、兩位日本通，讓日本的一切顯得離我們更近。

　　正是因為日本離我們這麼近，讓我們感覺如此熟悉，本書才有其意義。雖然以日本歷史為主題，本書希望帶讀者認識的不是已經消失的日本歷史，而是作為現代日本背景的「歷史中的日本」。這些在漫長時空中積累下來的一切，都是此刻日本之所以如此存在的理由。越是了解現在的日本，越能從日本的歷史中發掘出更多有趣之處。

　　當然，本書也希望能夠提供對日本不甚熟悉的讀者一場按照時代順序的導覽。以日本的時代分期為基礎，從古代到現代，本書將由社會、政治、文化等不同角度介紹日本歷史中的一百項重要課題。和教科書不同的是，本書希望透過介紹日本學界的不同學說，提供讀者進一步思考的空間。因此，本書某些部分並沒有下定論，而是提供日本學界的現況資訊，希望讀者能夠理解。

　　最後，能夠進入日本史研究的領域，並順利完成本書的撰寫，都必須歸功於在日文系求學期間打下的基礎。感謝臺灣大學日本研究中心主任徐興慶教授，日文系范淑文教授、林慧君教授、朱秋而教授，至今仍不吝於指導。也要感謝臺灣大學歷史系周伯戡教授、陳弱水教授、甘懷真教授從筆者邁入歷史研究之初，即給予細心指導、鼓勵。還要感謝中研院史語所顏娟英教授、文哲所廖肇亨教授，在藝術史及文學方面給筆者的啟發，對本書的完成多有助益。在本書的出版過程中，編輯朱曉蘋小姐、美編劉好音皆給予極大的協助，在此特別向兩位致謝。

郭珮君 2016 年 3 月於東京駒場

第4章 中世：鎌倉時代～安土桃山時代

第7章　現代

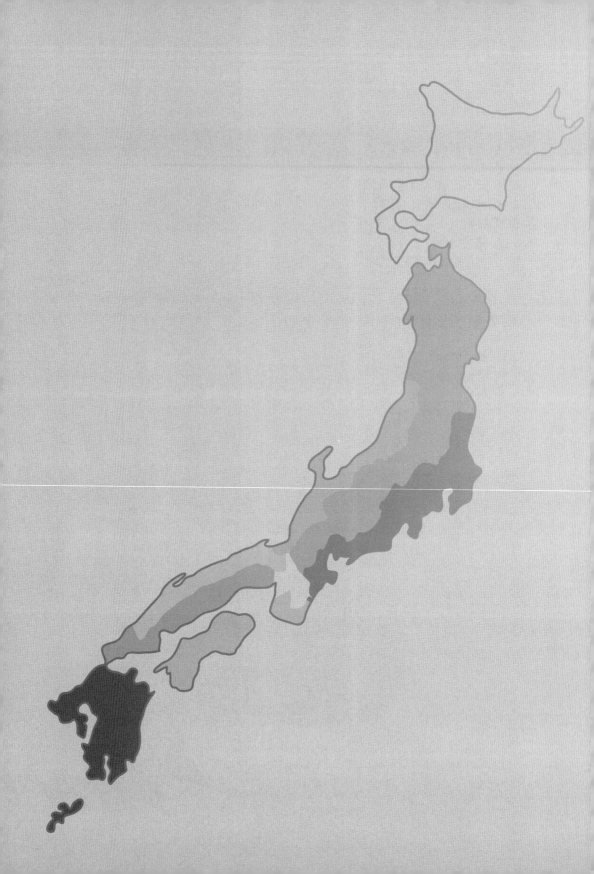

第1章
序　論

在正式進入各章對日本歷史的介紹之前，本章將先帶讀者認識日本的歷史分期以及大致的地理狀況，第二章之後再按照時代先後順序，從古至今介紹日本歷史上的重要課題。

1-1　日本歷史的時代分期

1-2　日本地理概觀

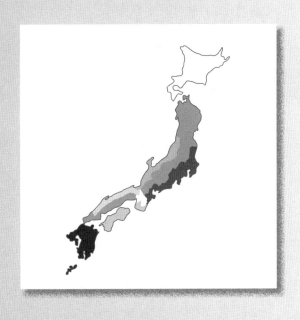

UNIT 1-1
日本歷史的時代分期

　　在理解日本歷史之前，首先要對日本的時代劃分方式有些基礎的認識。現在的日本，由本州、四國、九州、北海道及沖繩群島共同構成。但在日本歷史上，這些區域並不一直都是日本國土的一部分。以下，將先以本州、四國、九州的歷史發展為核心，介紹日本的時代分期。讀者可另外參照圖表部分，認識北海道與沖繩群島在同時期的歷史發展。

　　基本上，日本的歷史可以分為以下不同時期：

舊石器時代：約 10 萬年前至西元前 14000 年左右

繩文時代：西元前 14000 年左右至西元前三世紀左右

彌生時代：西元前三世紀左右至三世紀中葉左右

古墳時代：三世紀中葉左右至七世紀左右

以上，由於大多缺乏明確的紀年，一般被視為日本的「史前時代」。

飛鳥時代：592 年至 710 年

奈良時代：710 年至 794 年

平安時代：794 年至 1185 年

鎌倉時代：1185 年至 1333 年

南北朝時代：1333 年至 1392 年

室町時代：1336 年至 1573 年

戰國時代：1467 年至 1590 年

安土桃山時代：1573 年至 1603 年

江戶時代：1603 年至 1868 年

明治時代：1868 年至 1912 年

大正時代：1912 年至 1926 年

昭和時代：1926 年至 1989 年

平成時代：1989 年至今

　　1945 年，也就是第二次世界大戰結束之後，由於日本的社會發生劇烈變動，經常以「戰後」稱之，以和昭和時代前期區分。

西元紀年	沖繩	北海道	本州・四國・九州	
數十萬年前 ～ 約一萬年前	舊石器時代			
約一萬年前 ～ 約六千年前		繩文時代		
約六千年前 ～ 紀元前 4 世紀	貝塚時代			
紀元前 3 世紀		續繩文時代		
紀元前 2 世紀				
紀元前 1 世紀			彌生時代	
1 世紀				
2 世紀				
3 世紀				
4 世紀			古墳時代	
5 世紀				
6 世紀				
7 世紀			飛鳥時代	
8 世紀		擦文時代	奈良時代	
9 世紀			平安時代	
10 世紀				
11 世紀				
12 世紀	古城時代		鎌倉時代	
13 世紀				
14 世紀	三山時代	愛奴時代	室町時代	南北朝時代
15 世紀	第一尚氏王朝			戰國時代
16 世紀	第二尚氏王朝		安土桃山時代	
17 世紀			江戶時代	
18 世紀				
19 世紀		明治時代		
20 世紀		大正時代		
		昭和時代		
21 世紀		平成時代		

第 1 章 序 論

UNIT 1-2
日本地理概觀

　　根據日本國土交通省的統計，日本由 6852 個大小島嶼共同構成，是名符其實的島國。其中，本州、九州、四國、北海道及沖繩本島被稱作「本土」，其餘的 6847 個島，則是離島。

　　日本最東端的島嶼，是隸屬東京都的南鳥島；最西端的是沖繩縣的與那國島；最南端的島嶼也隸屬東京都，是距東京 1740 公里之遠的沖之鳥島；最北端的是北海道的擇捉島。正因為日本由島嶼構成，在日本領土中，共約 73％ 是山地，和臺灣一樣，河流都相對湍急。富士山作為日本最高峰，海拔 3776 公尺，同時也是日本重要的象徵之一。

　　在地理分區上，一般可以將日本分為北海道地方、東北地方、關東地方、中部地方、近畿地方、中國四國地方、九州地方等區塊，這也是目前日本國內地理教育上採用的基本分類方式。其中，北海道地方、東北地方、關東地方又經常合稱為東日本，泛指日本的東半部。相對於此，則是西日本的概念。另外，還有「關西」一詞也常被使用，通常指大阪、京都、兵庫、滋賀、奈良、和歌山等地域，有時也含括周圍的其他行政區域在內。

　　而在日本歷史上，五畿七道則是最為廣泛使用的地理區劃概念。五畿七道在飛鳥時代後期就已經被固定下來。其中，五畿指的是畿內五國，包括山城國、大和國、河內國、和泉國、攝津國。按照現代的行政區來說，是以奈良縣為核心，旁及大阪、京都、兵庫部分地區。而七道，則包括東海道、東山道、北陸道、山陰道、山陽道、南海道、西海道在內。這些地理名詞，直到現代都還經常能夠見到。日本第一條新幹線的路線名稱就是「東海道新幹線」，正是因為該路線橫跨了此一地理區塊。

　　或許有些讀者已經注意到，在七道當中，為何獨缺臺灣人最熟悉的北海道？事實上，在古代，現在的北海道並不屬於日本領土的一部分，自然也就不在地理區劃的劃分當中了。北海道的名稱，始於明治時代。明治政府將北海道納入版圖後，必須對這塊土地命名，在明治政府整體的復古氣氛之下，就有人提出了仿照古代的五畿七道名稱，以北海道命名的意見。如此一來，原本的五畿七道就成為五畿八道了。

　　在氣候上，日本全境都屬於濕潤的海洋性氣候。不過，由於領土南北狹長，北海道與沖繩縣的月均溫相差甚大，同時也會受到季風的影響。除此之外，日本也和臺灣一樣，部分地區在夏季容易受到颱風侵襲，近年來也曾發生不少起因颱風衍生的災害。

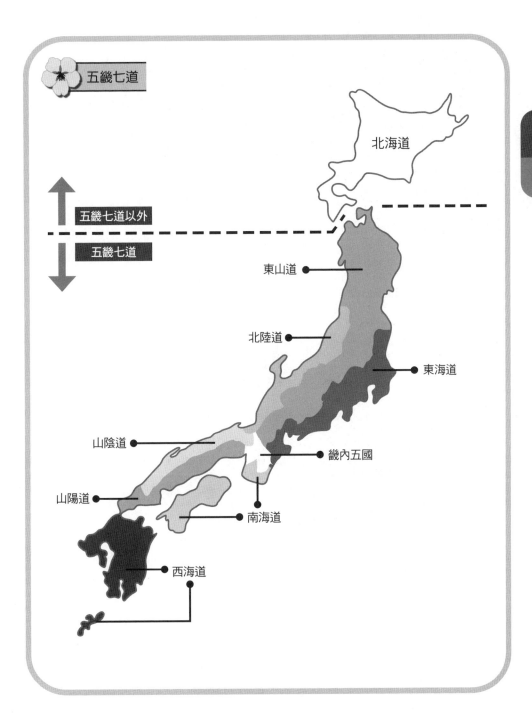

五畿七道

北海道

五畿七道以外
五畿七道

東山道

北陸道

東海道

山陰道

畿內五國

山陽道

南海道

西海道

第2章
原始：舊石器時代～古墳時代

本章主要介紹日本的史前時代，也就是在日本的文字紀錄之前的歷史。日本人的祖先來自何處？過著什麼樣的生活？如何逐步建立起統一的政權？這一系列的疑問至今仍是日本研究者不斷提出新學說的重要課題。雖然沒有太多文字資料，這段時期卻有許多重要的出土文物訴說著古老的歷史。

UNIT 2-1
舊石器時代

　　自舊石器時代起，現在的日本列島就已經出現了人類的蹤跡。目前全日本已發掘出超過一萬個以上的舊石器時代遺跡，這些遺跡大多屬於舊石器時代後期。根據考古挖掘的發現，在靜岡縣、沖繩縣都有人類的骨骼出土，時間大概在距今一萬五千年至三萬年左右。不過，這些人與我們現在所說的的日本人事實上並不太一樣。

　　現在我們所說的日本人，來源有些複雜。首先，西元前三、四萬年左右，有一群人從亞洲大陸南部北上，輾轉來到了日本列島。之後，約在西元前五百年時，又有另一批居住在亞洲大陸的人群，透過朝鮮半島的路線進入了日本列島。這兩種不太相同的人群，經過了長時期的混血，成為了現在我們所認識的日本人。換句話說，現在的日本人既有來自北方的祖先，也有來自南方的祖先。

　　那麼，舊石器時代居住在日本列島的人們過著什麼樣的生活呢？從現在的研究結果推測，他們應該是以十人左右的小團體作為基本單位，組成一個較大的部族，有時利用帳篷式的小屋，有時利用洞穴、岩石縫等等的天然場所作為暫時的居所，基本上過著移動的生活。不過，他們的移動範圍可能有著一定的限制。在取得食物的方法上，他們已經會利用石斧、刀形石器來獵捕大型動物，當然，他們也會採集居住地周邊的植物食用。

　　值得注意的是，這樣的移動式生活漸漸開始出現了變化。在舊石器時代前半期，人們基本上在較廣的區域內移動。有時是為了尋找礦產，有時是為了在不同地區狩獵、採集。總之，為了這些不同的生活面向，舊石器時代前半期的人群，攜帶著帳篷式的小屋一起移動，範圍相當廣。不過，到了舊石器時代後半期，雖然人群依舊移動，方式卻有所不同。舊石器時代後半期的人群可以說是在一定的區域內巡迴式地移動。他們選定了適宜狩獵的區域，居住地便只在此一狩獵區內有限度地移動。即便要取得附近缺乏的礦產，他們也不再像過去一樣長途遷移，而是以遠征隊的方式取得資源。或許我們可以這麼說，在漫長的舊石器時代中，人們越來越傾向縮小聚落的移動範圍，直到繩文時代，終於邁向了定居的農業生活。

　　舊石器時代的遺跡遍及日本各地，在本州中部、九州北部、北海道都存在，現在的東京都、大阪府也都有舊石器時代的遺跡：例如東京都的茂呂遺跡以及大阪府的國府遺跡。從這些遺跡當中，也可以看到舊石器時代的藝術成就，有不少精美的飾品出土，像是玉石製作的珠子，穿孔而可以佩戴的垂飾品等等。

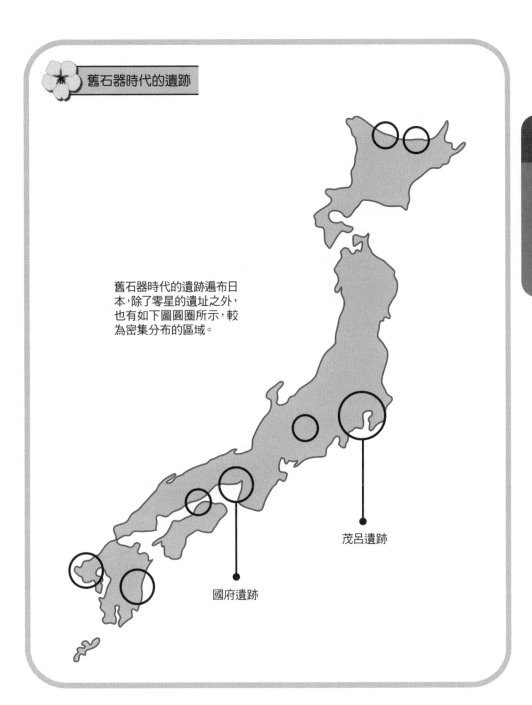

舊石器時代的遺跡

舊石器時代的遺跡遍布日本,除了零星的遺址之外,也有如下圖圓圈所示,較為密集分布的區域。

茂呂遺跡

國府遺跡

UNIT 2-2
繩文文化時代

　　進入了繩文文化的時代，也就告別舊石器時代，來到了新石器時代。繩文時代有幾項特別值得注意的特徵：弓箭、磨製石器、陶器。雖然在舊石器時代很可能已經出現了類似長槍的武器，但把石鏃裝置在木軸或竹軸的頂端，搭配約 150 公分長的弓來使用，還是要等到繩文文化時，才能有這樣的遠距離武器。另外，石器雖然早已出現，但磨製石器的普及，也是繩文文化的一項特色。像是因磨製技術而變得更為好用的石斧，就可以使得木材的採伐與加工更為容易，也帶動了生活用具的發展。特別值得注意的是，除了磨製生活工具之外，還出現了石棒、石劍等用於祭祀的石器。

　　最後一項，也是最為重要的一項特徵：陶器的出現。事實上，繩文文化之所以稱作繩文，正是因為此時期陶器上的紋飾是以繩紋為主。寫作繩文文化，而非繩紋文化，則是因為依據的是日文漢字的寫法。這時期的陶器大多是以低溫燒製而成，顏色則以褐色、黑褐色為主。陶器的出現使得飲食文化更加多元，過去無法直接食用的一些植物，可以利用陶器加以煮食。

　　除了上述特徵之外，繩文時代還出現了定居的新生活形態。被稱為豎穴的建築是當時主要的住家形態，豎穴是半地下的，當中有火爐。通常一個聚落中，會有四五個豎穴，還有廣場、垃圾場以及干欄式的大型建築。這些聚落往往位在近水的台地，可以看出早期的定居生活對自然環境的高度依賴。

　　繩文文化中的信仰元素也值得我們注意。在目前出土的種種陶製物品中，存在一類與信仰息息相關的，就是陶製的人偶與面具。陶偶的形制相當多，除了強調女性生殖能力的之外，也有許多保存良好卻沒有臉部的。學者對此有許多不同說法，一說是繩文時代的人們崇拜女性的生殖能力，希望透過製作陶偶祈求大自然能源源不絕地生產食物；一說是陶偶是超越性別的，象徵的是大自然中的精靈；一說則是認為陶偶有替身的功能，代表人們希望災禍能夠只降於陶偶。這些說法尚未達成一定的定論，但都顯示出此一時代的人們已具有一定程度的信仰意識。而陶製的面具由於大小符合人的臉部，被認為是在特定儀式中所使用的。

＋ **日本史小提醒**

　　貝塚是古代人類生活的重要遺存，人們採集貝類食用後，便將貝殼丟棄在聚落附近，久而久之，形成了巨大的垃圾坑。透過對貝塚的考古研究，我們可以更清楚地認識古代人的飲食生活。

聚落推測圖

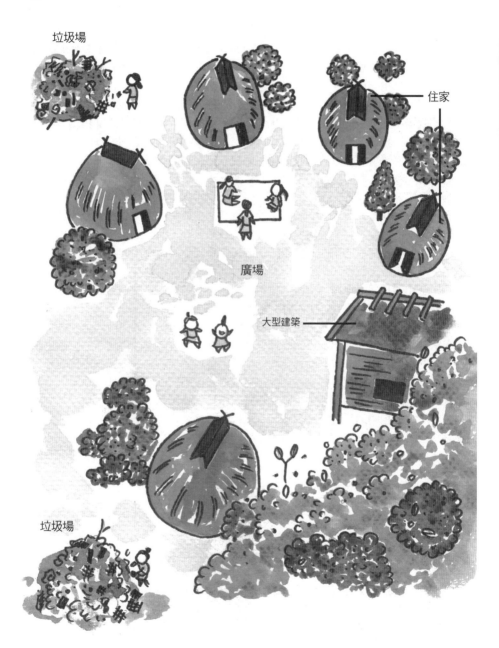

垃圾場

住家

廣場

大型建築

垃圾場

UNIT **2-3**
繩文文化時代

　　從繩文文化到彌生文化，出現了一項劃時代的新生活形態：水稻的栽培。水稻的栽培不只需要定居的環境，更說明了當時人們已從採集食物的生活形態轉化至自己生產食物的生活方式。然而，水稻並不是日本列島的原生作物，水稻在彌生時代的出現，意味著當時的日本列島與其他地域，諸如中國的沿海地區、朝鮮半島、臺灣等地，已有一定程度的文化交流存在。這些飄洋過海進行文化交流，最後留在日本列島生活的人群被稱作渡來人，對後來的日本文化、歷史發展都造成很大的影響。

　　水稻的栽培不只是新的飲食文化，也是新的生活形態，更使得彌生文化的聚落不同於以往。首先，重視排水功能的平地式房屋出現，似乎是為了適應豎穴房屋所不能克服的低窪、潮濕環境。另外，稻穀的保存促使倉庫一類的建築產生。加上栽種水稻所需要的人力，較為大型的聚落開始出現，甚至出現了具有防禦功能的環壕聚落。

　　在彌生時代，除了水稻被帶進日本列島之外，鐵器與青銅器也先後輾轉來到了日本。鐵器與水稻大約同時期傳入，一開始主要是作為武器使用，但到了彌生時代後期，成為了日常工具的主要原料。青銅器進入日本的時間較晚，而且主要作為祭祀相關的用具，與鐵器有著相當大的不同。不過，這些作為祭祀器具所使用的青銅器，有時也有著武器一般的外型：銅矛、銅劍、銅戈都是目前已知的武器形祭祀用具。另外一項常見的青銅祭祀器具則是銅鐸，剛傳入日本時似乎形制較迷你，但越到彌生時代後期，形制變得越來越大，有時還可在銅鐸上看到當時的繪畫。

　　運用紡錘等工具的紡織技術，也是在彌生時代傳入日本的。彌生時代是一個文化交流頻繁的時代，除了前面已經提過的種種技術之外，還有一個值得注意的特徵也顯示出了當時的文化交流、人群移動有多麼的活躍：各式各樣的喪葬方式。現代的考古學研究已經發現，彌生時代的日本列島，存在有很多種不同的喪葬方式。單單以墓葬的形制來說，就有土（壙）墓、木棺墓、箱式石棺墓、甕棺墓、支石墓、墳丘墓、方形周溝墓等等大不相同的形制。墓葬無疑是一種重要的文化表現方式，在日本列島同時存在著這麼多不同的墓葬形制，就告訴了我們當時的日本列島很可能存在著許多不同文化脈絡的人群。

✚ 日本史小提醒
　　比較繩文人與彌生人的外表，可以發現兩者存在相當大的區別：繩文人的五官深邃、鼻子高挺，臉型較寬；彌生人則臉型狹長，五官較不立體。有趣的是，彌生人和現在多數的日本人一樣，門牙內側凹陷，就像畚箕的形狀一樣。

環濠集落和墓域

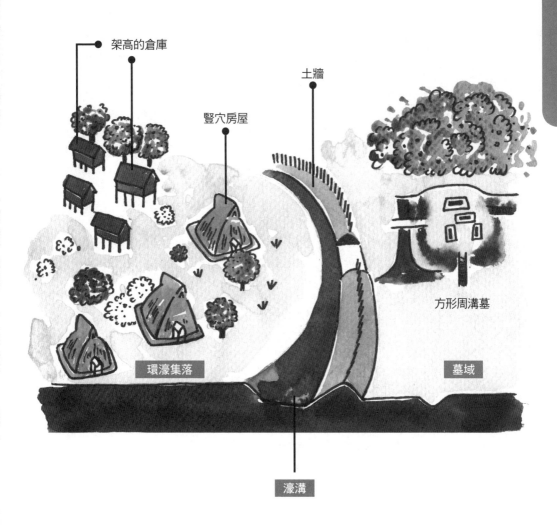

架高的倉庫

土牆

豎穴房屋

方形周溝墓

環濠集落

墓域

濠溝

UNIT 2-4
小國分立的日本列島

在《漢書‧地理志》當中，可以看到這樣一段文字：「夫樂浪海中有倭人，分為百餘國。」這是最早的關於日本的文字紀錄。分為百餘國的倭人，指的就是在日本列島上分屬不同大小聚落的人群。沿著瀨戶內海與大阪灣，存著許多高地聚落，通常在這些聚落中還可以看到很多武器出土，說明了當時在各聚落之間很可能經常發生規模不一的戰爭。這與《後漢書‧東夷傳》中的記載也相符合：「桓靈間，倭國大亂，更相攻伐，歷年無主。」由此可知，當時的日本列島，絕對不是和平的、統一的狀態。

然而，在這段戰爭不斷的時期中，日本列島也不是與中國全然斷了聯繫。事實上，根據《後漢書》的記載，在建武中元二年（西元 57 年），倭奴國進貢，東漢光武帝賜印綬，這就是大家在歷史課本中都看過的「漢委奴國王」金印，這枚小小的金印在一千多年後，於九州的福岡市被發現，現在收藏於福岡市博物館。

在中國的史籍當中，對這一時期的日本記載最為詳細的，當屬陳壽的《三國志》。在日本，這段記載也受到重視，由於出處為《三國志‧魏書‧倭人傳》，習慣上被簡稱作「魏志倭人傳」。當中記載，在多年的戰爭後，日本列島終於出現了受到眾國推舉的共同的統治者：卑彌呼女王。這位原為邪馬台國統治者的女王接受了魏國的冊封，被封為親魏倭王，並獲賜銅鏡百枚。除了對政治環境的描述，《三國志‧魏書‧倭人傳》也對倭地的風俗有詳細的記載。當時的日本列島存在階級式的身分制度，由高而低可分為「大人」、「下戶」、「生口」等不同身分，其中，生口就是奴隸。

然而，邪馬台國到底在哪裡？這是一個至今仍未確切得到解答的問題。有一派學者認為邪馬台國在今天的北九州，另一派學者則認為邪馬台國在近畿地區，同時就是後來的大和國。兩種說法的支持者都提出了一定的根據，但直到目前為止，都還沒有成為定說。當初獲賜的銅鏡，由於在日本各地出土，難以藉此斷定邪馬台國的位置。除了大和說、近畿說之外，關於邪馬台國的具體位置，還有許多不同的說法。例如，以日本傳說的神話起源為依歸，根據大量出土銅劍、銅鐸而提出的「出雲說」；因為特殊的埴輪與奈良初期古墳近似而提出的「吉備說」；連沖繩都在候選名單之中，甚至有學者認為邪馬台國在今日的埃及！至今，邪馬台國仍是日本人最關心的歷史謎題之一。

目前，學界認為這些在各地出土的銅鏡，是各國與邪馬台國之間存在政治關係的證明。銅鏡作為一種政治上的信物，藉由賜銅鏡的行為，國與國之間可以締結政治上的聯繫，進而結成了以邪馬台國為主的小國聯盟。

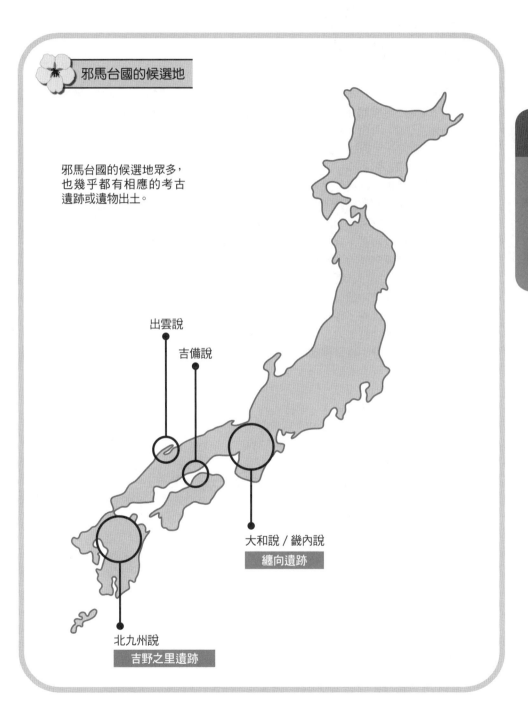

邪馬台國的候選地

邪馬台國的候選地眾多，
也幾乎都有相應的考古
遺跡或遺物出土。

出雲說

吉備說

大和說 / 畿內說

纏向遺跡

北九州說

吉野之里遺跡

UNIT 2-5
古墳時代

圖解日本史

自三世紀後半葉起，日本列島開始出現了巨大的古墳。一開始，是在近畿地區，或是靠近瀨戶內海的沿岸地區出現，到了四世紀後半，漸漸地擴及日本列島全境，七世紀時，即便在山區、小島，都可以看到巨大古墳的蹤跡。由於巨大的古墳是這一時期最為顯著的特徵之一，因此，此一時期常被稱作古墳時代。

不同時期的古墳固然有些不同的特色，但有幾項要素卻是始終存在的：前方後圓的古墳形狀、圍繞在古墳周邊的眾多埴輪。前方後圓的形狀透過圖示可清楚了解，但埴輪是什麼？或許是大家較感到陌生的。簡單地說，埴輪是一種陶土製成的陪葬物，形制相當多樣，從壺的造型、人的造型、動物造型、武器造型，到房屋造型、船舶造型等等應有盡有。一般而言，我們會認為這樣的陪葬物應該會放置在墓裡面，但特別的是，埴輪卻是放在墓之外的。更精確地說，埴輪被整齊地放置在前方之後圓墳土丘的平臺之上。目前學界推測，埴輪扮演著守護著墓主人的功用，可以抵擋邪氣的侵擾。

當然，前方後圓古墳中還有著其他陪葬物，例如勾玉、銅鏡、甲冑，或是一些鐵製的農具等等。透過對這些陪葬物品的分析，學者得到了一些有趣的結論：較早期的古墳當中，常見的陪葬物性質大多與宗教、祭祀相關；而較晚期的古墳中的陪葬物，則經常是武器、馬具等等與戰爭相關的物品。這樣的發現，似乎說明了前期與後期的古墳，埋葬的是身分背景不太相同的人物。

考量到前方後圓古墳的規模，興建這樣的古墳應該要消耗相當多的人力，沒有一定的社會地位，想必是無法得到這樣的待遇的。因而在古代的日本，能夠被埋葬在這樣的古墳當中，應該就是當時社會中的領導人物。於是，這讓我們認識到了一件重要的變化：古代日本社會上的重要人物，從古墳前期的宗教相關人士，轉變為古墳後期的掌握軍事力量的人物。

另外，在這些古墳的出土物中，還發現了漢字的蹤跡。在稻荷山古墳出土的鐵劍上，正面及背面都寫有清楚可辨識的漢字，同時也是一段有意義的文字。不但寫有鐵劍擁有者家族的系譜，還提到了輔佐「大王」治「天下」。另外，在九州出土的江田船山古墳鐵刀上，也可以看到「大王」一詞。這些出土物都成為幫助我們理解古代日本政治環境的材料，更顯示出當時的日本，已開始透過漢字來書寫政治語言。

＋ 日本史小提醒

馬進入日本的時間大約在五世紀初期，將馬匹以及騎馬的習慣帶入日本的，應該是朝鮮半島南部的百濟、新羅、伽耶等國。日本古墳出土馬具與韓國慶州出土的新羅黃金馬具高度相似，受到學界的重視。

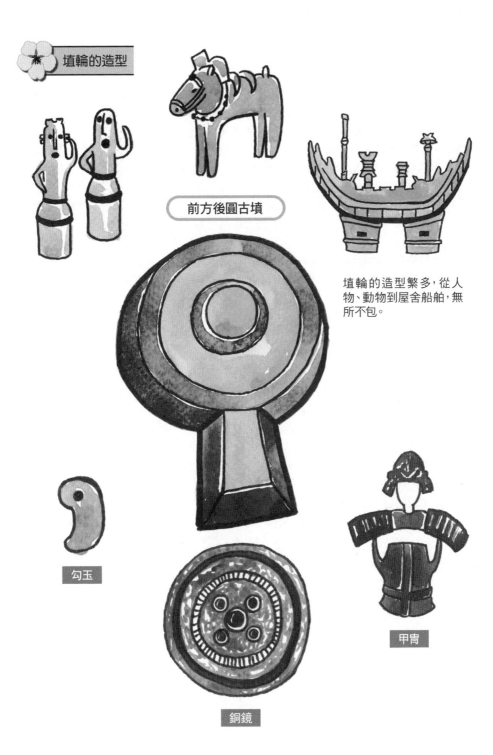

埴輪的造型

前方後圓古墳

埴輪的造型繁多,從人物、動物到屋舍船舶,無所不包。

勾玉

銅鏡

甲冑

UNIT 2-6
大和政權

　　現在我們常形容帶有日本色彩的事物為「和風」，將日本料理稱為「和食」，以「和」這個字指稱日本。這樣的用法，事實上起源於日本的第一個統一政權：大和政權，現在日文通常寫作「ヤマト」（yamato），這是因為「大和」以漢字標示，要到八世紀以後。大和政權的中心位於現在的奈良縣，五世紀時還遣使中國，政治力量相當強大。另一方面，熟悉中國歷史的讀者大概也不會對「倭」這個詞彙感到陌生，「倭」與「和」一樣，都經常用以指涉歷史上的日本。

　　大和政權的出現，其實與前面提到的前方後圓古墳有著密切的關係。在彌生時代，各地的墓葬存在區域性的特色，而不像前方後圓古墳一般，具有一定的形制。前方後圓墳在三世紀後半到七世紀間，擴展到日本列島全境的過程，事實上可以視為一個有著相當力量的政治團體擴張的歷程，這個政治團體就是以大和政權為首的政治聯盟。值得注意的是，大和政權應該不是當時唯一的政治聯盟，只是在競爭的過程中，大和政權戰勝了其他的政治聯盟，最終成為了日本列島的統治者。

　　大和政權不只左右日本列島內的政治情勢，更積極參與當時東亞世界的國際事務。當時正是中國南北朝時期，南、北方政權都透過政治上締結的冊封關係，與周邊國家建立政治上的聯繫。事實上，這對雙方而言都是有利的政治行為。一方面，中國的政權藉著冊封國的存在，得以成功地建立起符合中國既有天下觀念的政治體系；另一方面，被冊封的國家也可以對國內的其他競爭勢力宣稱自己是得到承認的政權。在五世紀的東亞世界中，隨著眾多國家的成立，這樣的例子層出不窮。

　　大和政權的統治階層，除了核心的大王及其家族之外，還有掌握地方力量的眾多豪族。這些豪族之間彼此親近、對立，展開了複雜的政治角力。豪族與大王家的結合方式，有一點類似中國古代的封建。豪族在地方上掌握著私有的土地與人民，可以說是地方上實際的統治者。而各地的豪族，對於大王家而言，是負責各種不同事務的部屬。透過政治上的結合，大王藉著與豪族的緊密聯繫，間接地統治著日本各地的人民。在這樣的政治背景之下，大王與豪族的關係變得相當重要，經常對當時的政治造成巨大影響。

　　需要注意的是，現在還為大家熟知的所謂「萬世一系」的天皇家，在此一時期是不存在的。正如前文所提到的，大和政權的統治核心是大王，而不是天皇。天皇的出現還要等到稍晚的飛鳥、奈良時代。八世紀的日本，透過歷史典籍的編纂而建構天皇系譜之時，才將這些過去的大王，一併以天皇稱之，也就成為現在我們所認識的天皇譜系。

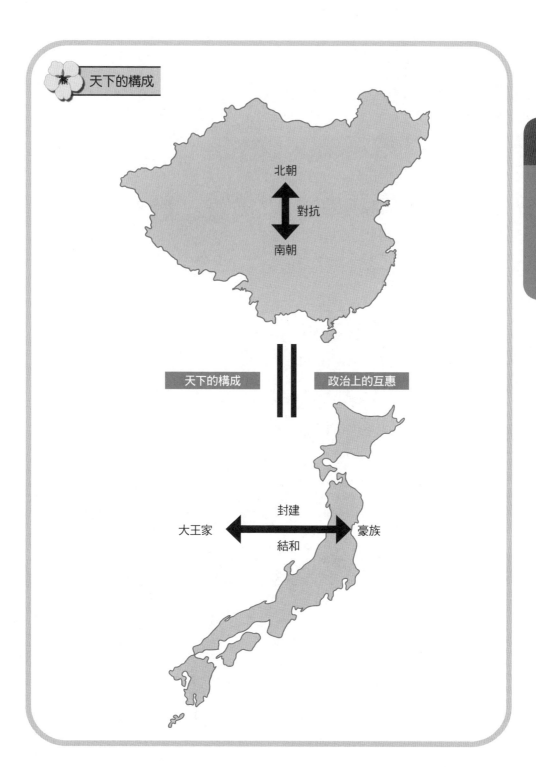

天下的構成

北朝

↕ 對抗

南朝

天下的構成 ＝ 政治上的互惠

大王家 ←→ 豪族

封建

結和

第3章
古代：飛鳥時代～平安時代

本章介紹的是日本的古代，也就是飛鳥時代至平安時代的歷史。飛鳥時代可以說是「日本」作為一個國家成立的重要時期；奈良時代是遣唐使活躍的時期；平安時代則是以京都為中心的日本文化逐步發展的時代。讀者熟悉的聖德太子（事實上應該稱廄戶王，以與後世神格化的聖德太子區分）、東大寺的莊嚴大佛、紫式部的《源氏物語》都將在本章出現。

UNIT **3-1**
飛鳥文化

　　七世紀前半，承繼大和政權的統治者推古大王在豐浦宮即位，此後一百年間，日本列島的政治中心一直位於現在日本奈良縣南部的飛鳥、斑鳩地區，因此這個時期被稱作飛鳥時代，而此一時期的文化，就被稱為飛鳥文化。

　　飛鳥文化帶有濃厚的佛教色彩，這與當時的統治階級有關。根據日本最早的史籍《日本書紀》記載，推古在西元 592 年即位後，593 年時即由厩戶王攝政。厩戶王這個名字或許讓大家感到陌生，其實他就是鼎鼎大名的聖德太子。厩戶王不但對儒教有一定的認識，更是一位虔誠的佛教徒，他建立寺院、供養僧侶，甚至參與撰寫佛教經典的注疏。需要注意的是，過去聖德太子長期作為日本歷史上數一數二的偉人，這樣的看法已受到現代學術界檢討，認為這些功業應該歸給以推古大王為首的統治集團，而不屬於特定的個人。

　　飛鳥文化開始發展的時期正當中國的隋代，是佛教在中國發展達到鼎盛的時期。同一時期的日本重視佛教，將佛教視為一種進步的文明，可以說是古代東亞文化一種共性的展現。積極學習橫掃東亞世界的佛教，也成為日本國內為了提升國家實力的重要目標。當時日本佛教信仰最具代表性的表現，就是豪族在各地所建立的寺院。這些寺院具有私人的性質，主要是為個別的豪族家族祈福，因此被稱作私寺。另一方面，由朝廷所下令興建的寺院，則被稱作官寺。官寺被期待著具有保衛、鎮護國家的功效，由此也可窺見當時社會中的佛教信仰風氣。

　　另一方面，為了學習佛教知識，並與東亞大陸的強權締結政治關係，推古派遣了遣隋使前往隋朝。不過，這次的遣使恐怕沒有預想中的順利，日本學界以「無禮國書事件」來稱呼這次遣使所遭受的挫折。在使者上呈給隋煬帝的國書中，寫著「日出處天子致書日沒處天子」。先不論「日出處」是否具有優位意識，或只是客觀地指稱東方，總之，這封國書並不受到隋煬帝的賞識。遣隋使攜帶國書前往隋朝，雖然未能締結雙方都樂見的外交關係，但就成果而言，卻絕不是失敗的。在國書中也提到，派遣使者的動機是聽說「菩薩天子重興佛法」，因此除了使者，還有僧人數十人來學佛法。學習佛教的目標，大致是成功的，隨著遣隋使的派遣，豐富的大陸知識被帶回日本，也更加促進了日本的佛教發展。

　　當然，在遣隋使的派遣之前，日本就已經受到了大陸文化的影響，前面曾經提過的渡來人，在飛鳥時代相當的活躍，也受到統治階級的重用。日本受到亞洲大陸的影響，並不是只有固定的來源，從友好的盟國百濟、朝鮮半島的強國高句麗，以及中國的南朝、北朝，日本廣泛地透過不同的管道吸收來自大陸的文化。以佛教塑像為例，在飛鳥時代的日本，就可以同時看到北魏樣式的佛像，以及百濟、中國南朝樣式的佛像。雖然位處東亞的邊陲，但日本接受到的東亞文化因素，無疑是相當豐富的。

 聖德太子的政策

聖德太子的佛教政策與儒教政策都對日本的歷史、文化造成了深遠的影響。

聖德太子

佛教

建立四天王寺
注疏佛教經典

儒教

憲法十七條
冠位十二階

1	大德	濃紫
2	小德	薄紫
3	大仁	濃青
4	小仁	薄青
5	大禮	濃赤
6	小禮	薄赤
7	大信	濃黃
8	小信	薄黃
9	大義	濃白
10	小義	薄白
11	大智	濃黑
12	小智	薄黑

UNIT **3-2**
氏姓制度

　　氏姓制度是日本古代重要的政治制度，實行的期間相當長，五世紀起隨著大和政權的擴張而成立。簡單地說，氏姓制度以私地私民制為基礎，是一種管理土地與人民的制度。

　　在政治統治集團中，無論是中央的貴族，還是地方上的豪族，都受到氏姓制度的規範。根據貴族、豪族在政治上的地位，通常也就是與大王家的親疏關係，將國內所有的貴族、豪族分為氏（uji）及姓（kabane）。

　　這些氏、姓獨佔且世襲特定的官職，同時，藉著這些職位在制度中的位置，統領、管理一定的土地及人民。要注意的是，氏姓制度與國家性的政治組織出現以前的共同體是不同的。雖然看似一樣由首長統領人民及土地，但氏姓制度的根本是政治，而不是血緣。換句話說，雖然氏姓制度底下的人群經常是一定程度上同族、同血緣的，但具有相同的血緣卻絕對不是氏姓制度的必要條件。

　　早期的氏姓制度，是以貴族、豪族等政治上的有力人士為對象。由於私地私民制的緣故，國內根本沒有一般的人民，而只有附屬於氏、姓之下的「部民」。不過，到了律令國家成立時，開始學習中國編定戶籍，過去私有的部民變成了國家的公民，也就被納入了氏姓制度之中。不過，這裡所說的納入氏姓制度，指的並不是當時的人民都擁有「名字」（也就是臺灣一般所說的姓氏）。某些讀者可能已經知道，日本人普遍擁有姓氏是相當晚近才發生的事情。這裡看起來似乎存在很大的矛盾。事實上，氏姓制度中所謂的氏姓，指的常是「某某部」這一類的氏姓，依據的是這些人民為國家從事的工作。舉例來說，替天皇家服勞役，從事生產的叫作「品部」；提供農業勞動力的則被稱作「田部」，與現在我們熟悉的日本姓氏存在相當大的差距。

　　簡單地說，「姓」就像是當時豪族的排序。最高等級的姓是「臣」、「連」，其中，臣的命名多以政治中心大和地區（現在的奈良縣）的地名為主，連的命名則是由該氏族在大和政權內擔任的職務而來。例如，蘇我氏屬於臣，物部氏則屬於連，這兩個氏族對日本古代史造成了很大的影響，接下來還會介紹到。

　　當然，並不是與中央緊密相關的豪族才會得到姓，地方上的豪族也是大和政權想要制度化掌控的對象。在各地掌握政治、經濟資源的有力豪族，常會得到「君」的姓，而勢力稍嫌不足，卻又依然有影響力的其他豪族，則會得到「直」、「造」、「首」之類的姓。

　　介紹完氏姓制度的序列，或許會有人感到疑惑，大和政權的領導者呢？事實上，以大王為頂點的大和政權正是創造這個系統的主導者，因此，大王，也就是後來的天皇，自然是外於氏姓系統，既沒有姓，也沒有氏的。

大王家與氏姓制度

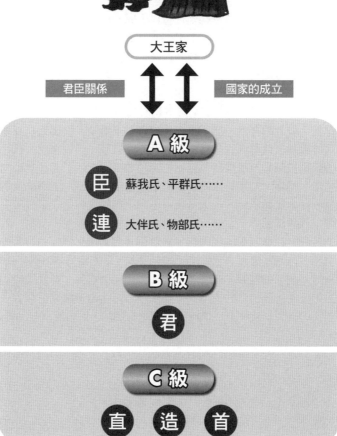

大王家

君臣關係　　　國家的成立

A 級

臣　蘇我氏、平群氏……

連　大伴氏、物部氏……

B 級

君

C 級

直　造　首

UNIT 3-3
豪族的勢力

圖解日本史

自古以來，豪族的勢力就是日本地方上最重要的力量。豪族不僅實際上掌握了地方上的土地與人力，也控制了軍事力量及經濟。在飛鳥時代，豪族還影響了另一項重要的歷史因素：文化。

飛鳥時代最有勢力的豪族，首推與大王家有著密切關係的蘇我氏。蘇我氏與天皇家的關係，簡單地說，就是長期的外戚。蘇我稻目的兩個女兒堅塩媛及小姊君都嫁給了欽明天皇，他們兩個都生下了未來的天皇。特別是，當時的日本統治階級盛行族內婚，家族內不只跨輩分通婚，就連同父異母子女間通婚的情況也不少見。在這樣的情況下，蘇我氏作為外戚的身分可以說更為穩固。以前面曾經提過的厩戶王為例，雖然他沒有登上大王之位，但畢竟曾為太子，也是大王的候補人選。他的父親與母親便分別是堅塩媛及堅塩媛的子女，換句話說，蘇我稻目同時是厩戶王的祖父及外祖父。蘇我氏憑藉著雄厚的政治實力，對飛鳥時代造成了重要的影響。

事實上，飛鳥地區（現在的奈良縣明日香村）原本就是蘇我氏的根據地之一。由蘇我馬子（蘇我稻目之子）扶植的推古大王之所以選擇定都於此，大概與背後的蘇我勢力脫離不了太大關係。在古代日本，飛鳥地區是外來移民的聚居地。這些移民大多來自朝鮮半島，是日本境內較早流行佛教文化的區域。蘇我氏大概在這裡接受了當時最新的佛教文化，成為佛教的信仰者，並在飛鳥地區建立了日本最早的正規佛寺：法興寺。法興寺的建立，背後還有一段與豪族爭鬥有關的故事。

蘇我氏雖是勢力龐大的豪族，卻不是全然沒有競爭對手。物部氏在許多方面都與蘇我氏為敵，最終以佛教為導火線，展開了全面性的戰爭。一般來說，蘇我氏被定義為崇佛派，物部氏則被歸類為排佛派。雙方在西元 587 年開始了激烈的戰鬥，當時，年幼的厩戶王也上了戰場。為了祈求能夠順利擊敗物部氏，厩戶王與蘇我馬子各自向佛祈願，只要獲勝便會興建寺院。後來，厩戶王在現在的大阪建立了四天王寺，而蘇我馬子便興建了飛鳥的法興寺。當時，要在日本興建佛教寺院並不容易，許多技術都仰賴朝鮮半島的工匠。在蘇我氏贏得勝利，佛教正式成為官方崇信的宗教後，百濟還派遣使者贈送舍利，並選定僧人、建築工匠送至日本，以充實日本的佛寺所需。

然而，隨著近年研究的開展，有學者開始提出不同的意見。蘇我氏的崇佛雖然較無疑問，但過去被視為排斥佛教的物部氏，則被指出可能也是佛教信仰者。換句話說，蘇我氏與物部氏的爭鬥，或許不是單純出自自身的信仰，而可能有較深的政治意涵。

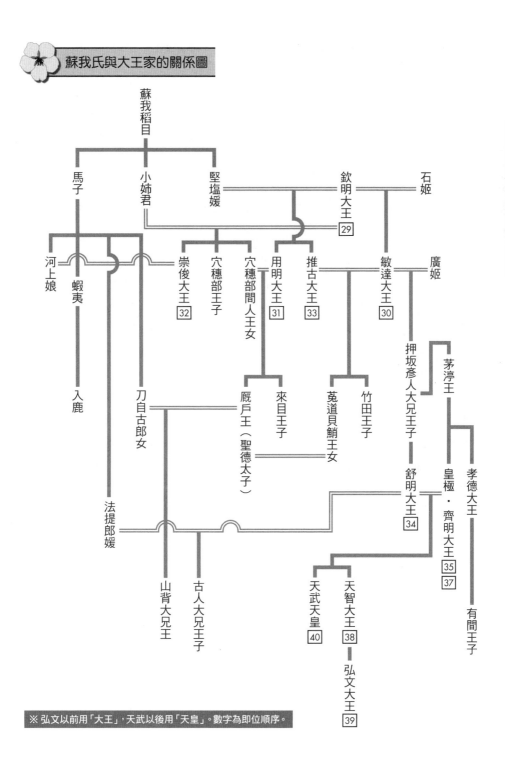

蘇我氏與大王家的關係圖

※ 弘文以前用「大王」，天武以後用「天皇」。數字為即位順序。

UNIT 3-4
女天皇的出現：推古女帝

圖解日本史

　　日本的愛子內親王誕生之後，女性是否可以繼承天皇之位的爭議，在日本廣泛地受到國民矚目。根據明治時代編纂的《皇室典範》，只有皇統一系的男子能夠繼承天皇，女性並不具有繼承權。然而，這樣的規定並不能說是日本自古以來的傳統。在日本歷史上，的確曾有女天皇的前例，推古天皇就是最早的例子。

　　推古天皇（554-628，592-628 在位）的本名是額田部，父親是欽明天皇，母親則是蘇我稻目的女兒堅塩媛。571 年成為當時皇太子（後來的敏達天皇）的妃子，576 年敏達天皇即位時再繼任皇后。事實上，推古天皇與敏達天皇是同父異母的兄妹，這樣的婚姻關係，在中國是難以想像的。但在古代的日本與新羅，族內婚是統治階級內相當普遍的狀況，一點也不特殊。

　　推古天皇之所以可以成為天皇，除了其與生俱來的皇女身分之外，曾經作為皇后的身分也是相當值得注意的。日本歷史上的皇女何其多，但是能夠成為女性天皇的卻屈指可數，除了推古天皇之外，另一位女天皇皇極天皇也相同地兼有皇女、皇后身分。現在就有學者指出，繼推古天皇、皇極天皇（二度即位時稱齊明天皇）之後，第三位作為女天皇的女性持統天皇，原本不具有皇后的身分，而只是一位與皇子通婚的皇女，為了自己日後能夠登上天皇位，便積極支持自己的丈夫起事。

　　有趣的是，若以六世紀末的推古天皇為起點，直到八世紀的稱德天皇為止，短短不到兩百年間，共有六位女性作為女天皇即位。其中，又有兩位都曾二度即位，也就是共有八代的天皇是女性。另一方面，此一期間的男性天皇也只有六位，共六代。換句話說，在七、八世紀之間，女性作為天皇可以說是日本歷史上相當特出的情況。另外，還有一項值得觀察的現象，這些女性天皇即位時，通常都較其他的候補人選年長許多。如 39 歲的推古天皇與 19 歲的廐戶王；49 歲的皇極天皇與 17 歲的中大兄；46 歲的持統天皇與 29 歲的草壁皇子等等。

　　從另外一個角度來看，前面提到的女天皇多是以皇女、前任皇后的身分即位，是否也有女性一開始就作為皇位繼承人的例子呢？不但有，而且還是女性作為「皇太子」！兩度即位的孝謙天皇便是在這樣的背景上登上天皇之位的。在聖武天皇統治時期，她便是統治集團承認的，明定的皇太子，與此前的女天皇都不相同。

　　此外，奈良時代的《大寶令》中，還有一條值得注意的規範。相較於明治時代的《皇室典範》直接排除女性的繼承權，《大寶令》中還註明了女天皇的子輩也作為有可能繼承皇位的「親王」。某種程度上可說是制度性地預設了女性天皇出現的可能性。

女天皇身分的二元性

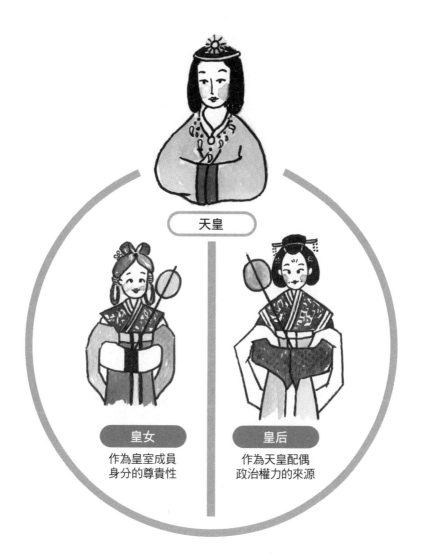

天皇

皇女

作為皇室成員
身分的尊貴性

皇后

作為天皇配偶
政治權力的來源

第3章 古代：飛鳥時代～平安時代

UNIT 3-5
大化革新

　　根據《日本書紀》的記載，以中大兄皇子（日後的天智天皇）與中臣鎌足為首，日本在大化年間（645-649）展開了一系列重要的政治改革運動，是日本學習中國典章制度的重要政策。由於實行的期間主要在大化年間，被稱作大化革新，日文則寫作「大化改新」。一般認為，大化革新最重要的意義在於促使日本邁向如同隋唐一般的律令制國家。

　　在多項改革當中，最重要的當推公地公民制。公地公民制，如字面所示，自然與此前氏姓制度下的私地私民制不同。事實上，大化革新的重要目的之一，正在於取代過去私地私民、職位世襲的氏姓制度。希望藉著將土地、人民的所有權收歸國有，增加中央朝廷的政治、經濟實力，也削弱地方豪族的勢力，是一種強化中央集權的政策。過去的豪族，不但擁有土地還有人民，更因為世襲職位的緣故，容易累積相當程度的政治、經濟實力。勢力強大的豪族，若對中央朝廷不滿，對國家而言是相當頭痛的存在，甚至可能威脅到天皇的地位。

　　大化革新不但將土地、人民收歸國有，也重新奠定了地方行政區劃的基礎。新的地方行政區劃分依序分為國、郡、里三個層級。其中，郡似乎常寫作「評」字。出土的木簡當中，曾發現寫有「上泳國阿波評松里」的地名。同時，配合著行政區劃的設定，以及公民的創造，新的稅制也同時實施。新的稅制以田調為基礎，意謂著國家希望人民從事農業工作。為了增強國力，日本也有類似中國均田制的「班田收授法」出現。跟據班田收授法，六歲以上的良民男女皆可得到國家分配的田地，男子得到的田地較女子多，可能是考慮到勞動力的不同。

　　對於授田政策而言，戶籍的製作是最為重要的基礎。終於在 670 年，製作了日本最初的全國性戶籍「庚午年籍」。有了戶籍之後，政府更能夠準確地管理人民。不但可以掌握每戶的戶口狀況，確認如何授田，更可以藉由對戶口的控制，收取每一戶應納的賦稅。

　　然而，大化革新一度被視為虛構的政策，不被看作歷史事實。有一批學者主張所謂的「大化改新否定論」，認為在孝德天皇大化年間，根本沒有如此以律令國家為模仿對象的政治改革。他們指出，日本邁向律令國家，應該是受到 663 年白江口之戰受挫的影響。換句話說，日本為了建立律令制國家而進行的政治改革，應該是發生在 663 年以後，到 672 年開始的天武天皇時代才逐步進行的。這樣的說法很長一段時間成為主流。

　　不過，根據最新的考古發現，在孝德天皇時期，的確有以中央集權為目標的政治改革。宮殿、官署的配置很明顯地與過去不同，有意地要強化天皇權威，並改變既有的君臣關係。從這個角度看來，大化革新雖然有檢討的必要性，卻也不應該被全盤否定。

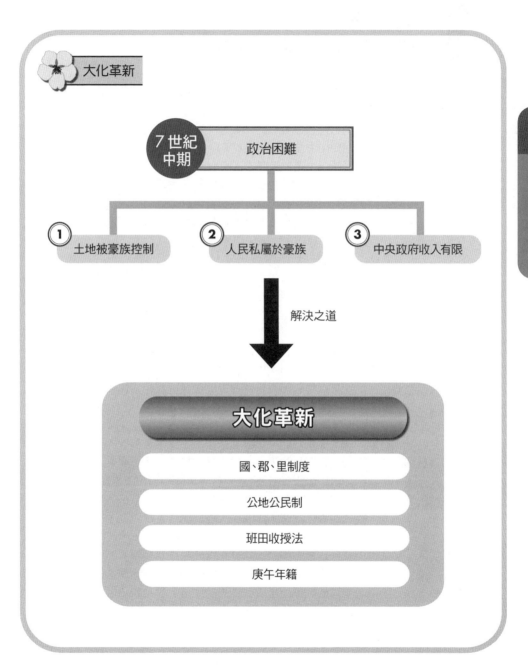

大化革新

7世紀中期 　政治困難

① 土地被豪族控制　② 人民私屬於豪族　③ 中央政府收入有限

解決之道

大化革新

國、郡、里制度

公地公民制

班田收授法

庚午年籍

UNIT **3-6**
天武天皇與國家佛教

　　古代日本，也就是飛鳥、奈良時代的政教關係，可以以「國家佛教」作為關鍵詞來理解。佛教在六世紀時，作為大陸上最為先進的文化，廣泛受到各地政權的接受，朝鮮半島、日本列島的政治勢力都積極吸收此一先進文化，試圖提升各自的政治實力。同時，此時正是日本政治邁向中央集權的重要時期，藉由引進相對進步的佛教文化，日本的政治核心與佛教產生結合，進一步促進了國家佛教的成立。

　　「國家佛教」是研究日本古代佛教的主要切入點之一，也是日本古代國家與佛教研究的基本框架。國家佛教具有三項特質：首先，國家可以透過僧官體制管理寺院與僧尼；其次，在國家統治的範圍之內，國家保護並培植佛教；最後，國家對佛教的期待並不在於思想或哲理方面，而在於透過咒力使國家繁榮。

　　日本古代的國家佛教，不只是在概念上接受佛教，在實際的空間配置、建築層面上，也有相當具體的發展。從日本古代國家的都城，可以看到上述國家佛教的痕跡。七世紀起，日本古代政權歷代遷宮的傳統開始被固定的都城取代，第一個固定的都城就位於飛鳥。在狹小的飛鳥區域內，除了王宮、官衙、以及貴族的住宅之外，佛教寺院也是內部的重要元素。寺院的存在除了以宗教的力量護佑王權、國家，也就是一般所說的護國功能之外，也代表著最新的文化技術的展示。以王宮為中心，飛鳥區域可以說是被大型寺院環環包圍著。這樣的情形也出現在藤原京，根據統計，藤原京內約有一至兩成的人口為僧尼。由此可以推知藤原京內佛寺的數量應該相當驚人。在管理體制上，京城和地方諸國採取不同的制度。在京內，由稱作僧綱的中央僧官統領京城僧人，其他地方則由各地的國司負責管理。

　　在天武天皇統治時期，政治與宗教的關係雖然基本上不出國家佛教的框架，卻有一些重要的發展與創新。由於天武天皇的天皇之位不是靠繼承，而是發動政變而來的，因此，天武天皇有較強的動機創造出一個符合當時政治、宗教環境的統治正當性來源。原本由各地氏族奉祀的神，在天武天皇時期被序列化為天神、地祇，其排序的準則正是該氏族與天皇的政治親疏關係。同時，作為現人神統治天下的天皇，透過太政官統制日本全土的國土、人民，另一方面又透過神祇官奉祭天神、地祇，在政治、宗教雙重領域都排除了過去地方氏族的權力根據。以神祇官的設立為契機，形成了以天照大神為頂點的神統譜，再根據這個神統譜，將氏族性的神祇改組為國家性的神祇。透過以上的宗教工程，天武天皇完成的不只是宗教世界的整併，更是政治權力的集中。相較於飛鳥時代前期，天武天皇時期以後，天皇家擁有的政治權力明顯高過地方上的氏族、豪族，天皇的權威得以樹立。

天武天皇的佛教政策

天武天皇

天武天皇的佛教政策奠定了日本佛教發展的基礎，對奈良時代的佛教造成重大的影響。

天皇崇佛

佛教寺院

僧官制度

UNIT 3-7
白鳳文化

　　白鳳文化介於飛鳥文化與天平文化之間，指以天武天皇、持統天皇統治時期為主的文化。此一詞彙原本用於美術史，後來漸漸普遍。相較於主要受到朝鮮半島百濟、高句麗影響的飛鳥文化；白鳳文化受到中國隋唐文化的影響較深，可以說是東亞大陸文化傳入日本以後，在日本藝術上呈現出的樣式。換句話說，白鳳文化可以說是文化交流的一種具體表現。

　　白鳳這個名稱的由來，是有些特別的。白鳳既不是地名，也不是年號，與一般命名特定文化的方式不太相同。事實上，白鳳一詞的明確出處至今仍有爭議，導致許多學者避免使用此一詞彙。不過，2015 年奈良國立博物館開館 120 年的紀念特展，正是以白鳳為名，展出了白鳳文化期眾多珍貴的佛像。由此可見，白鳳文化依舊是有一定的意義的。

　　白鳳文化時期的日本，適逢朝向中國化（隋唐化）發展的時代。隨著藤原京的建設、律令的頒布，隋唐文化對於統治階級造成莫大的影響，也明顯地表現在白鳳文化期的各種建設上。

　　在白鳳文化當中，除了隋唐文化的特徵之外，還經常可以看到中亞、印度或是西南亞的特色，異國情調相當濃厚。之所以出現這樣的特徵，與當時東亞世界中的頻繁交流有著密切的關係。當時的中國長安，可以說是世界上最為國際化的大都會之一。通過西域進入中國的胡商，攜帶大量的珍貴商品來到長安，長安的西市因此成為舶來品的交易中心。遣唐使到了長安之後，也會在長安接觸到這些中國文化之外的國際元素。因此，從中國帶回日本的文化，也就富有多元的國際色彩。

　　另一方面，白鳳文化也不只有國際化的、外來色彩濃厚的一面。此時，正當日本文學發展的重要時期。以《萬葉集》為代表的和歌文學，也在此時期得到長足的發展。《萬葉集》中的和歌主要以五字句及七字句構成，基本上重複五七、五七、五七三次以上，最後再以七字句作結。這樣的形式又被稱為長歌。一般認為，五字句、七字句都是受到中國五言詩、七言詩的影響。《萬葉集》的作者除了皇族、貴族之外，還有一般民眾所作的詩歌，以寫實風格為主。除了日本既有的和歌之外，仿造中國詩歌的漢詩，也是從此時期開始。

　　當然，不只是詩歌，中國其他的傳統典籍，也在白鳳文化學習的對象之內。以歷史典籍而言，此時雖然還未完成如同日後《古事記》、《日本書紀》一般的作品，但已開始著手收集日本既有的傳承與紀錄。這些都是日後編纂史籍的重要材料依據。

　　同時，在宗教文化方面，受到佛教信仰的影響，各種佛教文化如塑造佛像、建造寺院、抄寫佛經等都有一定程度的發展。奈良藥師寺的藥師三尊像、佛塔以及法隆寺金堂的壁畫都是此時期佛教文化的代表。

　　目前，在奈良仍然可以看到白鳳文化期的建築，那就是藥師寺的東塔。藥師寺東塔也是現存唯一的一座白鳳文化風格的建築。雖然在奈良時代初期曾經整修，但基本上仍是根據既有的樣式，與奈良時代其他佛塔並不相同。

和歌的基本體裁

以萬葉集中的一首雜歌為例，可以認識和歌的基本體裁。

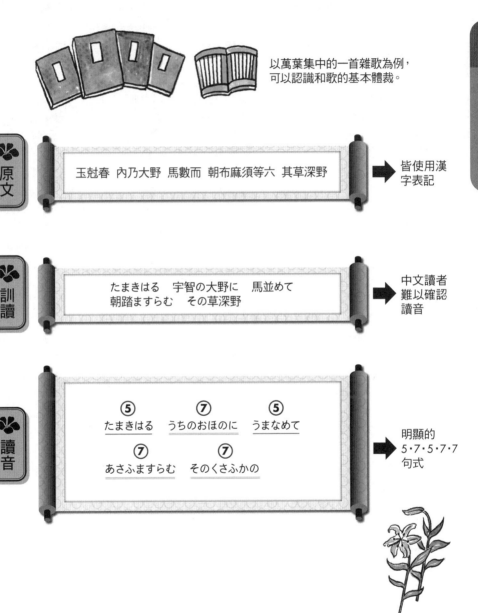

原文

玉尅春 內乃大野に 馬數而 朝布麻須等六 其草深野

➡ 皆使用漢字表記

訓讀

たまきはる　宇智の大野に　馬並めて
朝踏ますらむ　その草深野

➡ 中文讀者難以確認讀音

讀音

⑤
たまきはる

⑦
うちのおほのに

⑤
うまなめて

⑦
あさふますらむ

⑦
そのくさふかの

➡ 明顯的5・7・5・7・7句式

UNIT 3-8
律令制度

　　律令制度從字面上來看，指的就是以律、令為基礎的政治制度。日本的律令制度，基本上是以中國隋唐的中央集權制度為依歸，其中又以唐律對日本的影響最大。大致而言，日本從七世紀後期到十世紀左右都是實行律令制度的時代。其中，又以八世紀的奈良時代為律令制最鼎盛的時期。

　　前面曾經提到的大化革新，事實上就是以律令制為依據的政治改革。不過，當時可能並沒有編纂日本自己的律令，而只是政策性的仿效律令制度。雖然一部分學者認為，天智天皇曾在 668 年制定「近江令」，但學界一般認為近江令不是有系統的律令。日本最早的律令，是天武天皇下令編纂，完成於持統天皇統治期間的「飛鳥淨御原令」。不過，飛鳥淨御原令尚混合了中國與朝鮮半島的制度，也未留下原文。

　　日本的律令制度得以真正成立，要等到 701 年的「大寶律令」，其中包含了六卷「律」與十七卷的「令」。日本作為國號也是在此時被明文規定。平城京的建立、年號的設定、度量衡制的規劃、錢幣的鑄造等等，這一切都以大寶律令為依據。因此，大寶律令可以說是在日本歷史上寫下了劃時代的一頁。大寶律令基本上是以中國的制度為依歸，根據的底本是唐的永徽律令，不過，兩國的政治、社會環境不同，實行上難免會遇到困難，修改律令的需求也應運而生。現在，我們看不到完整的大寶律令，而只能在一些史籍中看到其部分內容。

　　繼大寶律令以後，修改得更符合日本實際政治環境的律令則是「養老律令」。養老律令在 757 年頒布，由律 10 卷 12 編及令 10 卷 30 編構成。由於養老律令基本上是由大寶律令修改而成，在制度的精神上並沒有太大的創新，過去沒有受到歷史學者太高度的評價。有趣的是，藉由養老律令來復原大寶律令的內容，似乎反而更受到研究者的重視。不過，養老律令畢竟是為適應日本風土民情而調整的律令制度，在歷史上應該得到更積極、正面的評價。

　　在律令制度之下，最重要的兩個政治機構分別是掌管祭祀的神祇官，以及統管政務的太政官。換句話說，行政與祭祀在律令制度中是明確分立的兩環，同樣具有高度的重要性。太政官的長官是太政大臣，負責國內律令制度下的司法、行政、立法事務。太政大臣之下，設有左大臣、右大臣兩位長官，以及大納言、少納言等輔佐政事的官職。

　　在地方行政區劃上，則將國內分為五畿七道。五畿是鄰近首都的大和國、山城國、河內國、和泉國、攝津國；七道則是東海道、東山道、北陸道、山陰道、山陽道、南海道、西海道。由國、郡、里三層的單位首長進行實際統治。

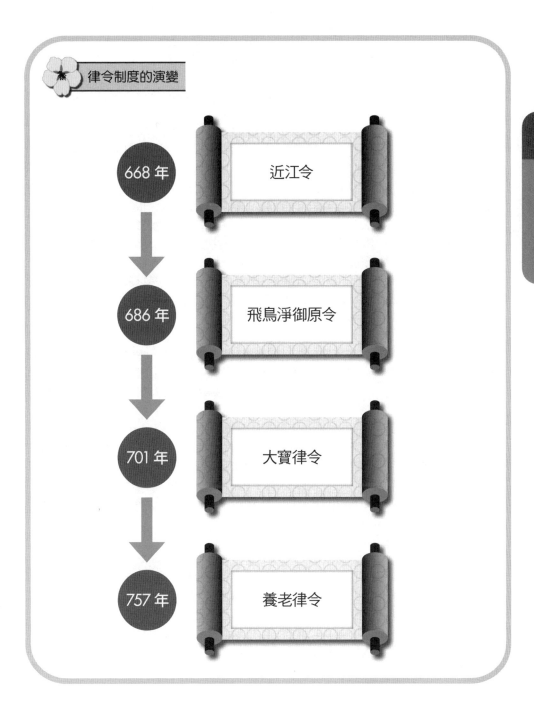

律令制度的演變

668 年　近江令

686 年　飛鳥淨御原令

701 年　大寶律令

757 年　養老律令

UNIT 3-9
《日本書紀》與《古事記》

《日本書紀》與《古事記》皆成書於八世紀初期，是日本古代最重要的兩部史籍，直到今日，仍是研究日本古代史的基本資料。

《古事記》是日本最早的史書，由太安萬侶編纂，以紀傳體的形式寫作。《古事記》使用的文字以變體漢文為主，與一般漢文不同，很多專有名詞都是以漢字一字一音的方式標記，閱讀上較為困難。《古事記》的內容始自神話，記載到推古天皇時期為止。在《古事記》當中，有不少的歌謠被紀錄下來，這些歌謠也是以漢字標音的。從《古事記》的寫作特徵來看，當時可能有較強的口傳傳統，這與《古事記》的成書背景也有關聯。根據《古事記》的序言，天武天皇曾命令稗田阿禮「誦習」，也就是背誦，天皇系譜以及古老的口傳故事。後來，太安萬侶正是把這些口傳的內容改以文字紀錄，因此造就了《古事記》目前的面貌。

《日本書紀》由舍人親王等人編撰而成，全書共有三十卷，是以漢文寫作的編年體史書。在此之前，日本並不是沒有其他的歷史紀錄，但是過去編纂的《天皇記》、《國記》等歷史典籍都在戰亂中散逸。在《日本書紀》的寫作過程中，參考了許多的資料，如帝紀、舊辭等口傳歷史，還有描述各地地方風俗民情的風土記等等。值得注意的是，過去的歷史資料都不是以漢文撰寫的。要能夠以漢文書寫歷史，需要相當程度的漢文知識，更需要了解中國史籍的書寫方式，對古代日本的學術界而言，應該是一項很大的挑戰。學者就發現，《日本書紀》看似流暢的漢文中，其實有很多地方受限於日本的詞彙、語法，對於中國本國人士而言，是無法理解的。這樣日式的漢文，被稱作「倭習」，也就是保有日文的特徵，而不是流暢的漢文。

《日本書紀》的內容，起自開天闢地的神話，終於持統天皇讓位，記載的年代相當長。其中，稱作「神代」的部分，有許多超乎常識的記載，通常不被當作歷史事實看待。

值得注意的是，雖然日本要到八世紀才有《古事記》、《日本書紀》兩部史書出現，這並不意謂著過去的日本沒有文字材料。事實上，日本早已在政治、宗教方面大量地運用漢字，出土文物當中也有許多的文字出現喔！

《日本書紀》同時也是日本《六國史》之首。所謂的《六國史》，包括了《日本書紀》、《續日本紀》、《日本後紀》、《續日本後紀》、《日本文德天皇實錄》、《日本三代實錄》，是從飛鳥時代到平安時代前期，由國家編纂的正史的統稱。這些史籍，雖然部分採用紀傳體的體裁，基本上仍是以編年體的方式記敘。對於之後的正史，《日本書紀》可以說有莫大的影響。不過，平安時代以後，日本國史的修史工作不太順遂，原則上並沒有完成國家官方編纂的正史。到了明治時代，又開始修史工作，歷經了一番波折，最終以目前《大日本史料》的形式問世。

《日本書紀》與《古事記》的比較

日本書紀　　　　　　　　古事記

編者

　舍人親王等人　　　　　　太安萬侶

體裁　　編年體　　　　　　　　　　紀傳體

文字　　漢文　　　　　　　　　　　變體漢文

記敘內容

神話——持統天皇時期　　　　神話——推古天皇時期

UNIT 3-10
遣唐使

　　遣唐使是從七世紀前期到九世紀，日本派往中國的正式使節。在中、日史籍當中都可見到文字記載。第一次的遣唐使派遣是在 630 年，直到 894 年的最後一次的使節任命為止，共有 20 次任命使節的紀錄。不過，不是每一次的任命，都會順利派遣到中國，期間有四次的遣使被中止。因此，實際上只有 16 趟的遣唐使真正往返於中日之間。

　　遣唐使的陣容浩大，除了正使、副使之外，還有隨行官吏、留學生、留學僧、工匠等各式各樣的人員在內，往往一趟遣唐使就有數百人之多，分散搭乘數艘遣唐使船。當時遣唐使船航行的路線相當危險，經常發生船難。即使順利抵達唐國完成使命，也未必能夠安全地返抵日本，是風險相當高的一趟旅程。

　　根據遣唐使派遣的性質與目的，學界將遣唐使分為三期。第一期（七世紀）的遣唐使共有七次，主要目標是將先進的大陸文化移植到日本，學術、宗教、技術等都是日本急於吸收的內容。同時，當時也是日本國內建立國家秩序、改革政治的時期，唐的典章制度自然也是學習、模仿的對象。

　　第二期（八世紀）的遣唐使共有七次成功成行，另外有三次遭到中止。八世紀的日本積極參與東亞世界的國際事務，外交與政治目的是此時期的重要任務。因此，第二期的遣唐使經常是以參加唐朝的正月朝賀為主要目的。唐朝的正月朝賀是當時東亞國際社會中最重要的外交活動，也是日本邁向國際社會時不可錯過的重要場合。當然，雖以外交、政治目的為核心，此時期的遣唐使一行也會進行相當程度的文化活動。另外，八世紀的日本也積極派遣使節前往新羅、渤海國，並不單以唐朝為外交活動的對象。

　　第三期（九世紀）的遣唐使雖然只有兩次，卻都是大規模的派遣。此時期的日本已在東亞國際社會中站穩腳步，派遣使節通常與新任天皇即位有關。另外，此一時期的遣唐使將中國的佛教更有系統地帶回日本，建立日本天台宗的最澄與建立真言宗的空海都在此時前往中國學習佛教，回國後對日本佛教的發展有相當深遠的影響。

　　遣唐使除了外交、政治目的之外，還有重要的文化使命。每一趟遣唐使都會帶回大量的中國文物、典籍，這些文物、典籍，以及遣唐使在中國接觸到的知識，包括唐的制度、文化在內，都成為了日本國家發展的資源。隨著遣唐使的派遣，日本也變得越來越國際化，當然也更加唐化。日本得以成為律令制國家，興建如同長安一般的都城，都是仰賴遣唐使的派遣。從唐帶回的文物，許多還保留在東大寺正倉院，其中有不少文物來自波斯、西域。因此，從這些文物移動的角度來看，日本的確可以說是絲路最東端的終點。

遣唐使的三次分期

第一期	第二期	第三期
7 世紀	8 世紀	9 世紀
文化 移植	政治 外交	佛教
制度 學術 宗教 技術	朝賀 文化	政治 宗教 文化

遣唐使船復原圖

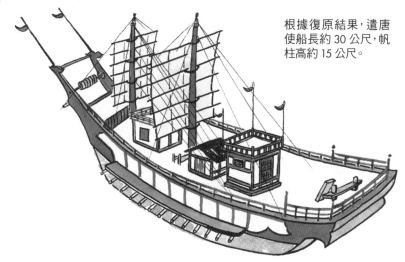

根據復原結果，遣唐使船長約 30 公尺，帆柱高約 15 公尺。

UNIT 3-11
平城京

平城京位於現在的奈良市市區，是日本在 710 年至 784 年之間的都城。平城京可以分為左京、右京兩部分，各自劃分出九條四坊。平城京的南北長 4.8 公里，東西寬 4.3 公里，在左京東側，還有一小塊向外延伸的外京，因此，平城京嚴格來說並不是長方形的。平城京的規模，正好是唐代長安的四分之一，設計上參照了長安城的方式，但配合了當地的地形而加以調整。

貫穿平城京中央的，是筆直的朱雀大路。朱雀大路寬約 72 公尺，是京內最氣派的道路。僅次於朱雀大路的，則是宮城南側的二條大路，寬約 38 公尺。這兩條道路都可以抵達宮城，因此特別寬大，其他地方的道路就沒有如此的規模了。由北向南，平城京的道路名稱分別是從一條到九條，相當規律。

平城京內分為許多的坊，也就是方型的居住單位，長寬皆為 533 公尺左右。一個坊又可分為 16 個坪，在平城京時代，坪的大小並無固定，和之後的平安京並不相同。

和長安一樣，平城京內也有西市與東市。東市、西市分別位於左京及右京的八條部分，屬於較為南邊的位置。東市、西市各佔了四坪左右的空間，是平城京內的商業中心。在平城京內，販賣商品是需要許可的。只有向市司登記的，擁有「市籍」的人能夠得到允許。

朱雀大路的最北端，則是平城宮，也就是天皇的居所以及官署的所在地。平城宮內最重要的建築就是大極殿，是天皇舉辦重要儀式的空間，現已根據考古成果重建。平城宮內還有許多的考古成果，目前，平城宮已作為平城宮跡遺址公園對外開放，園內不但有展示考古成果的展示館，還有以東亞文化交流為主題的歷史館。

在平城京內，還有大量的寺院，許多寺院至今仍被保留，成為觀光勝地。有一些寺院是從飛鳥遷移到平城京的，例如紀寺；當然更多的寺院是新建的，不勝枚舉。平城京內，有所謂的平城七大寺：東大寺、興福寺、元興寺、大安寺、藥師寺、唐招提寺、西大寺。這七所寺院，保留了許多奈良時代的佛像與建築，若有機會到奈良，不妨親自前往體會一下平城京內的佛教文化。

平城京內的人口約有十萬人。當中，除了實際居住在平城京內的京戶之外，還有大批在京內工作的官吏，寺院中的僧尼及侍者。此外，應該還有許多外來的勞動力以及從全國各地搬運物品到平城京的腳夫。

✚ 日本史小提醒

從京都搭乘近畿鐵道列車往奈良，經過大和西大寺站之後，列車便會從平城宮遺址中穿過，是個有趣的經驗。

列車之所以從遺址當中穿越，並不是當地人不重視歷史文化的保存，而是早在遺址發現前，鐵道就已經存在了。甚至，也是因為鐵道公司的建設工作，才促使了平城宮遺址的發掘。

圖解日本史

平城京的劃分

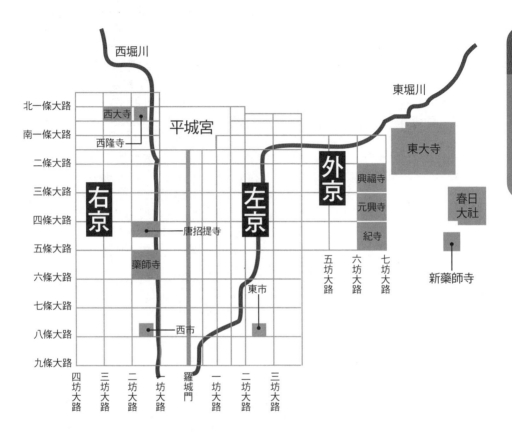

如圖示，一坊有 16 坪。

UNIT 3-12
天平文化

　　天平文化指的是八世紀時，以奈良為中心的文化。時間上而言，天平文化繼飛鳥文化、白鳳文化而來，是更為精緻、發展，也更國際化的文化。此一期間，遣唐使的派遣相當頻繁，學習唐代文化而返回日本的僧侶、官吏，都對天平文化的成立作出貢獻。鑑真也是在此一時期來到日本，中日交通的密切聯繫無疑是天平文化的特色之一。

　　天平文化當中最容易受到注目的，就是金碧輝煌的宮殿及寺院建築。聖武天皇在位期間，在諸國建立的「金光明四天王護國之寺」，也就是所謂的國分寺，正是此時期佛教建築的代表。國分寺的建造，主要是為了祈求佛教能夠鎮護國家，使日本能夠免於災害、疾病，能夠國家安定、豐衣足食。

　　相較於以隋代及唐代初期為模仿對象的白鳳文化，天平文化當中具有較多盛唐文化的成分，這自然也是文化交流的成果。除了建築之外，繪畫、工藝品也是天平文化留給後世的重要文化遺產。以正倉院中保留的寶物為例，有許多正是透過遣唐使船，從中國帶回日本的。正倉院中精美的工藝品，不只是中國色彩的裝飾品，還有具中亞、西亞特色的物品，反應出來的是當時東亞交通路線上的國際面貌。

　　另外，來自唐、渤海國、朝鮮半島新羅的，甚至來自林邑（現今越南中部）的音樂與舞蹈，也在此時的日本演出。除了日本傳統的音樂、舞蹈得到發展，這些國際性的娛樂也更加豐富了天平文化。當時的舞蹈相當重視視覺，東大寺博物館中展示的面具，即是舞蹈表演時所配戴的。其中，一部分面具的五官設計極具有異國風情，似乎是刻意要營造出西亞人士的外貌。

　　在文學方面，日本既有的和歌持續發展，漢詩的寫作則有較明顯的進展。《懷風藻》是日本最早的漢詩集，成書於八世紀中葉。當然，漢詩的寫作並不普及，需要擁有高度漢文素養才有可能完成。此時，漢詩的作者大多為皇族、貴族、官吏，以及僧侶。皇族、貴族受到良好的教育，官吏具有一定程度的漢字能力以進行政務，僧侶之所以具有漢文能力，則是因為他們需要閱讀大量的佛教典籍。

　　事實上，不僅只有漢詩，天平文化中的大多數成分都未曾普及於社會各階層，而是以貴族等上層階級為主。當平城京內林立著高聳的佛塔、精美而雄偉的寺院建築，當官吏穿梭在仿唐的官署裡進行政務的同時，城外的人民卻過著截然不同的生活。平城京的繁榮與高度發展的文化未能滲透到一般社會，終究只限於以統治階級為主的人群。

✚ 日本史小提醒

　　東大寺博物館是現在最容易看到天平文化遺物的地方。有機會到奈良參訪東大寺，別忘了購買博物館和金堂參觀的共通券，除了雄偉的寺院建築外，還可以看到天平文化代表性的佛像。

　　「金光明四天王護國之寺」的匾額，也收藏在博物館內。

天平時期的文化交流

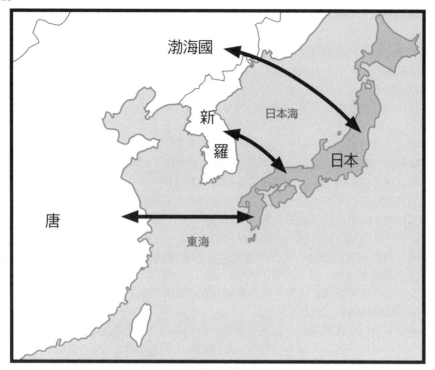

天平時期的文化交流頻繁，許多不同文化透過各種路線進入日本。其中，唐更是扮演了文化中介站的角色。在東大寺即可看到各種豐富的異國文化透過唐代長安進入了日本。

東大寺

UNIT 3-13
平安京

　　現在的京都市，就是過去的平安京。建立平安京的桓武天皇，一樣以唐代長安城為目標，打造了一座左右對稱的都市。平安京的東西寬約 4.5 公里，南北長約 5.2 公里，比平城京稍大一些。形式上而言，直到近代的明治政府遷都東京，京都一直都是日本的首都、天皇的居所。只是，歷經四百年左右的平安時代，政治中心已不再固定於平安京。

　　事實上，在遷都平安京以前，桓武天皇曾經短暫地遷都長岡京，但由於工程過於倉促，長岡京的都市設計出了很大的問題，很快就被廢棄。因此，長岡京才使用了十年，桓武天皇便遷都平安京，在此展開了平安時代的序幕。

　　與過去都城最大不同點之一，便是平安京內的街區經過計算，一坊分為十六町，町統一為長寬 120 公尺的正方形。此外，城市內的官署與一般住宅的配置，也經過統整規劃，整座城市顯得整齊劃一，相當有秩序。

　　平安京內最寬闊的道路，依然是貫穿南北的朱雀大街，寬達 84 公尺，平安宮就位於朱雀大街的盡頭。平安宮內除了天皇居住的「內裏」，還有處理政務的朝堂院及舉辦宴會的豐樂院等建築。當然，政府機構也都位於平安宮內，某些建築的配置似乎也參考了唐代的長安城。

　　整個平安京內的建築規劃，似乎都相當強調左右對稱。不只道路、街坊整齊如棋盤一般，就連東市、西市、東寺、西寺、東鴻臚館、西鴻臚館都是以對稱的形式安排。不過，人為的規劃有時還是難以抵擋大自然的挑戰。以平安京的右京為例，其西南方有河川流經，加上平安京的地勢原本就是東高西低。在長期排水困難的狀況下，平安京的西南方逐漸成為濕地，也就變得不適人居，最後難免走上荒廢一途。

　　另一方面，地勢較高的左京，由於適宜居住，很早就成為平安京內發展較好的區域。直到一千多年後的現在，過去平安京的左京地區，仍然是現今京都市的核心區。不同於平城京，平安京的考古發掘成果並不如想像中來得多。其中，最重要的原因在於，多數遺跡皆位於現在京都市內的建築之下，在繁華的京都市內，當然難以進行大規模的考古調查。事實上，現在的京都比起日本其他城市，地下鐵是相對不發達的，多數京都居民和觀光客都搭乘公車，市內經常塞車。這並不是因為京都市政府有財務困難而無法進行公共建設，而是因為早期興建地鐵時，就遇到大量的考古遺跡，而使得地下工程進度緩慢，時常遭受困難。

平安京的劃分

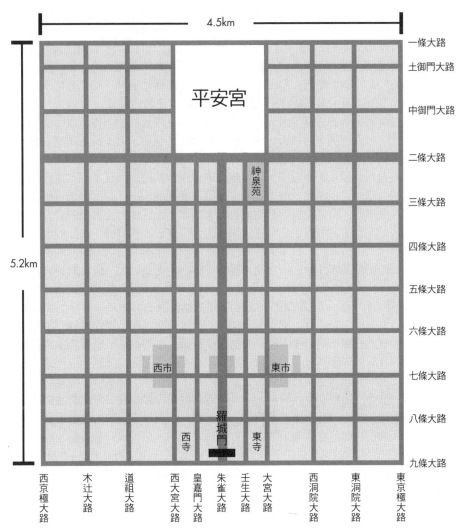

目前，平安京的「大路」都仍在京都市區中保留下來，有興趣的讀者不妨親
自走走這些道路，想像平安京的規模。

UNIT 3-14
最澄與空海

　　古代的日本佛教基本上以模仿、移植中國大陸系統的佛教為基礎，在政教關係上也是按照北魏、隋唐佛教的模式。特別是天武天皇、聖武天皇時期，大規模的佛教政策使得日本的佛教、政教關係都追上了隋唐的腳步，換言之，也失去了能夠模仿的依據。此時，隨著遣唐使入唐的留學僧回到日本，帶來最新佛教知識的同時，也展開了日本佛教發展的新可能。最澄與空海是平安時代初期最重要的兩位僧人，他們入唐求法後，分別回國成立了日本天台宗與真言宗，徹底改變了日本佛教的樣貌。

　　最澄是奈良時代出身於近江的僧人，主要活躍於平安時代前期。作為遣唐使船上的留學僧，他成功抵達唐國，前往天台山求法。在天台山期間，他不但在國清寺學習，還受到當地刺史的資助，抄寫了大批佛教典籍。雖然最澄在唐國的停留期間不到一年，他把握時間在台州學習、天台教學，並到越州學習密教法門。回日本時，從他編寫並上呈給天皇的目錄中可以得知，最澄帶回了大量的佛教經典、注疏、佛像、佛畫、儀式用具、文人文集等。桓武天皇對他的成果相當讚賞，允許他於比叡山成立天台宗，並撥給天台宗每年二人的得度名額，正式開始天台宗在日本的發展。由於最澄除了天台教學，還學習了密教法門，日本天台宗也就不同於中國的天台宗，成為顯密兼修的宗派，天台宗的密教被稱作台密，與空海真言宗的東密作為對比。最澄對於護國三部經（《金光明經》、《法華經》、《仁王經》）的重視也強化了平安佛教的護國性格。最澄的諡號為傳教大師，又由於開創比叡山，也被稱作叡山大師。

　　空海也和最澄一樣，是活躍於平安時代前期的僧人。空海和最澄作為同一批遣唐使的隨行人員，雖然分屬不同船隻，也平安抵達了唐國。空海的求法歷程集中在長安，特別是和青龍寺惠果學習密教。在青龍寺期間，空海接受阿闍梨灌頂，取得遍照金剛的密號，並受惠果囑託傳密教於日本。空海帶回日本的目錄，除了佛教典籍之外，大量的曼陀羅、密教法器特別受到注意。這些法器到現在仍保留在高野山的金剛峰寺，曼陀羅雖然難以保存，但也不斷有摹寫、仿製傳世。回到日本之後，空海得到平城上皇的允許，陸續在京都建立東寺，並在高野山成立道場，正式成立真言宗，致力於發展密教，真言宗的密教被稱作東密。除了高僧的身分之外，空海同時是著名的書法家，他留下的書法作品至今仍具有很高的藝術價值。空海的諡號是弘法大師，也被稱作高野大師。

　　直到今日，比叡山及高野山在日本人的心目中仍是日本佛教最重要的發源地之一。古代日本佛教的發展與傳承，也一直延續在這兩地。

最澄與空海的比較

	最澄 （767 ～ 822）	空海 （774 ～ 835）
重要事蹟	建立日本天台宗	建立真言宗
經　歷	前往台州、越州求法	在長安青龍寺求法
據　點	比叡山	高野山
重要著作	《顯戒論》、《守護國界章》等	《三教指歸》、 《秘密曼荼羅十住心論》等
諡　號	傳教大師	弘法大師

UNIT 3-15
攝關政治

攝關政治一詞，指的是平安時代中期以後的政治形態。「攝」、「關」兩個字，分別是當時最具實際政治權力的「攝政」與「關白」。攝政就是代理天皇管理政務；關白則是公家實際上的最高權力者，甚至規定要以「殿下」敬稱。

通常，攝政與關白都由藤原氏出任。藤原氏是平安時代實力最強的貴族，透過歷代掌控攝政與關白的職位，藤原家的政治人物扮演著替天皇代行政務的角色。換句話說，實際的政治權力並不在當時的天皇手中，而是由藤原家一手掌握。

要注意的是，攝關政治從來都沒有制度化，也就是沒有制度性的制定過程，起於何時，終於何時都沒有明確的界線。與其說攝關政治是一種制度，不如說它是在政治環境中累積、創造出的習慣。

要成為攝政或關白，並不是只要是藤原家的人就有機會。事實上，藤原氏的分支眾多，能夠成為攝政、關白的，通常限定於藤原氏北家出身的人。此外，要具有攝關的資格，大概還要是大臣以上官位的人才有機會。當然，若作為天皇的外戚，自然有更高的機會。當時的貴族社會中，父族與母族的背景一樣重要，來往也同樣密切。許多貴族男性更是與妻家同住，子女也就在母親一族的照顧下成長。這在貴族社會中其實是相當普遍的現象，中國唐代也有類似的狀況。

若是與天皇家聯姻，作為未成年天皇的母系親屬，扮演輔佐天皇角色的重責大任也是合情合理。在這樣的政治、社會背景下，藤原氏北家漸漸掌控了朝廷中的人事任命權，也就進一步地穩固了自己的政治勢力。

在攝關政治時代以前，日本並不是沒有攝政的紀錄。厩戶王聖德太子 就是推古天皇時代的攝政，不過，此前的攝政通常都是由皇族出任。第一任非皇族的攝政，就是平安時代中期的藤原良房。當時，文德天皇病逝，繼位的清和天皇只有九歲，且是太政大臣藤原良房的外孫。太政大臣原本就是律令制度中掌管政務的最高官員，藤原良房的身分使他順利取得了攝政的地位。後來，繼承藤原良房政治勢力的藤原基經成為首任關白，也開啟了攝關政治時代的序幕。

不過，藤原氏再怎麼掌握政治，還是無法保證能夠永遠作為繼位天皇的外戚。在後三條天皇即位之後，由於藤原氏與天皇的關係較為疏遠，政治上的勢力也漸漸受到壓迫。攝關政治未能如過往一般穩定發展，最後也就消失在歷史上了。

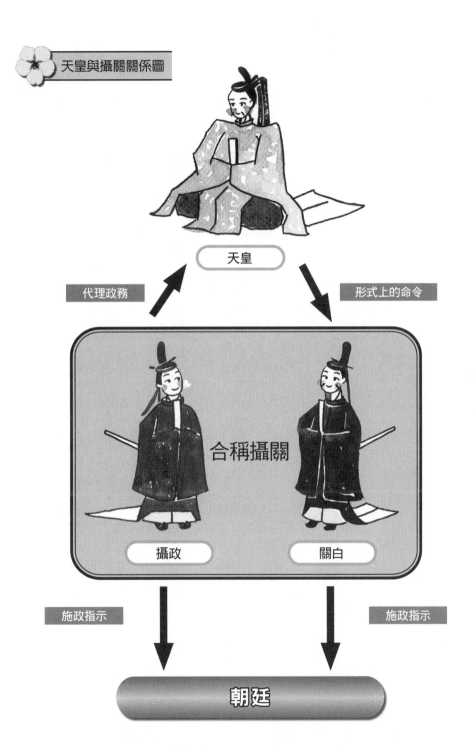

天皇與攝關關係圖

天皇

代理政務

形式上的命令

合稱攝關

攝政

關白

施政指示

施政指示

朝廷

UNIT 3-16 國風文化

相較於九世紀瀰漫著濃厚東亞大陸色彩的唐風文化，十世紀以後的，具有日本色彩的文化就被稱作是國風文化。現在我們所認識的日本傳統文化，許多就來自平安時代的國風文化。

國風文化之所以能夠興起，最重要的背景之一在於假名文字的創造與流行。過去的日本，雖然有自己的語言，卻沒有自己的文字，必須借用漢字來標記自己的語言。隨著假名文字的發達，日語得以使用日文書寫，這是相當大的一項改變。於是，假名文學開始發展，日本的文學脫離漢字、漢文，開啟了自己的新道路。特別是，相較於男性、貴族色彩濃厚的漢字，假名對於女性及其他社會階層而言較易於接觸，假名文學的發展，促進了文學、文化向一般民眾的傳播，此後的日本文化也因此更加具有生命力。

在詩歌方面，《古今和歌集》、《和漢朗詠集》都承繼了過去的詩歌文化，而有新時代的發展。「物語」、「日記」兩大類作品，更值得注意。說到日本的故事，許多人第一個想到的就是某某物語。《竹取物語》、《伊勢物語》都是國風文化下的產物，《竹取物語》更是日本最早的假名物語。日記類的文學方面，男性作家託筆為女性的旅行日記《土佐日記》，以及被列入日本三大隨筆之一的，由女性作家清少納言寫作的《枕草子》也是重要的文學成就。

當然，國風文化的代表文學作品，當推紫式部的長篇小說《源氏物語》。這部小說有一百萬字之多，相當驚人。故事當中更有將近八百首的和歌，反映出當時和歌文化之興盛的同時，更讓人佩服作者的創造力。這部以光源氏為主角的戀愛小說，充分描寫了平安時代的貴族生活，故事情節的安排，角色刻畫之豐富，人物心理描寫的細緻，都受到現代國際文壇的高度肯定。《源氏物語》被稱作日本古典小說的代表，絕對當之無愧。

除了文學，在繪畫方面，日本獨自的繪畫風格也開始成形。這時的日本繪畫被稱作「大和繪」，相當受到歡迎。不但作為佛教寺院中的壁畫，也經常出現在屏風之上。可惜的是，這幾類繪畫留存甚少，現在難有機會得見。不過，國風文化的繪畫，還有另外一種新型態的表現。有許多「物語繪」被保留在繪卷之上，現在還可以在博物館、美術館當中看到。

日本最早的漫畫，也是此一時期就已出現！現存於京都高山寺的鳥獸人物戲畫，由僧人繪製而成，被公認為日本漫畫的起源，現在已是日本國寶。在這幅長長的繪卷中，可以看到兔子、青蛙、猴子等不同的動物，以擬人的姿態出現，當中的故事情節有趣而戲謔，甚至帶有一絲的諷刺色彩。這些動物的行為，事實上投射出的是僧人眼中的世間萬象，值得細細品味。

✚ 日本史小提醒

　　根據學界的最新研究成果，國風文化中並不是完全沒有唐文化色彩，更不是徹底排斥外來文化的保守表現。如何評價此一時期的文化成就，或許還有待未來的研究發現。

 物語文學

伊勢物語 　　　大和物語

竹取物語

源氏物語

宇津保物語

 日記隨筆

土佐日記 　　　枕草子 　　　紫式部日記

蜻蛉日記 　　和泉氏部日記

更級日記

 詩歌

古今和歌集 　和漢朗詠集

第4章
中世：鎌倉時代～安土桃山時代

本章將以鎌倉幕府、室町幕府以及戰國時代為主，介紹這一段武士活躍時期日本歷史上的各種發展。值得注意的是，許多現在被認為最足以代表日本文化的事物，都是此一時期的創新。當然，足利義滿、織田信長等讀者熟知的日本歷史上的武士們，也是本章的主角。

UNIT 4-1
莊園制度

現代社會中，莊園一詞常讓人聯想到歐洲土地上種植農作物的景象。在中世的日本，莊園則是最重要的社會經濟形態。基本上，莊園是指豪族、貴族擁有大量的土地，並有農民（或是農奴）代為耕作，而莊園產生的經濟利益歸豪族、貴族所有。

在律令制度的公地公民規範下，按理來說，是不會出現莊園現象的。不過，隨著人民得到的授田漸漸減少，班田收授法面臨實行上的困境。日本政府終於在八世紀中葉頒布了「墾田永年私財法」，有條件地承認了土地的大量私有。這樣的制度，可想而知最終得利的還是原本就資產雄厚的豪族、貴族，一般人民大概是無法受惠的。豪族、貴族將私有土地稱為某某莊，就是莊園名稱的由來。這時候的莊園，被稱作初期莊園，仍然需要向政府繳納租稅。

當土地私有化的情形愈加嚴重，一些無法繳納租稅而被迫逃離家園的人們，就進入莊園作為僱傭的勞動力。由於大多數擁有大莊園的豪族、貴族既需要人力，也有一定的政治社會力量，底下的附庸人力就越來越多，公地公民制逐漸變成徒具形式的制度。當然，隨著人口的移動，戶籍也就逐漸失去效力，最終，政府將對人徵稅的方式調整為對土地徵稅，以避免政府的財政遭受困難。

一開始，政府將包括公田、莊園在內的土地，編列為稱作「名」的課稅單位。負責耕作這些土地並繳納稅金給政府的地方有力人士，則被稱作「田堵」。田堵當中，社會、經濟實力較強的，又被冠上「大名」田堵的名稱。這些大名田堵掌握的人力、土地資源逐漸增加，甚至轉向土地開發，實際上控制了一定的土地，成為實質上的領主。這樣的地方有力人士，就是開發領主。

不過，開發領主雖是地方有力人士，其政治背景不見得足以和來自中央派遣的國司抗衡。隨著開發領主和地方政治首長之間的衝突，許多開發領主選擇尋找勢力更強大的靠山。

地方上的貴族、寺院（有時包含神社在內），通常有較好的政治資源，成為開發領主首先聯想到的投靠對象。透過將自己領有的土地捐贈（日文稱作「寄進」）給地方上的貴族、寺院，開發領主只要將一部分的經濟利益上繳，就能確保自己的土地與人力。某種程度上而言，就像繳保護費一般吧。這些名義上從開發領主手中獲贈莊園的貴族、寺院，被稱作「領家」。

當然，領家並不一定可以順利地替開發領主解決一切政治上的問題，遇到困難時，領家自己也要向中央更具勢力的人物求援。領家之上的保護者，就是「本家」。本家通常都是中央的高級貴族，甚至是皇族，可以幫助開發領主取得不輸（不交稅）、不入（不被檢查）的特權。莊園制度當中的層級關係，到此已經出現相當明確的發展。

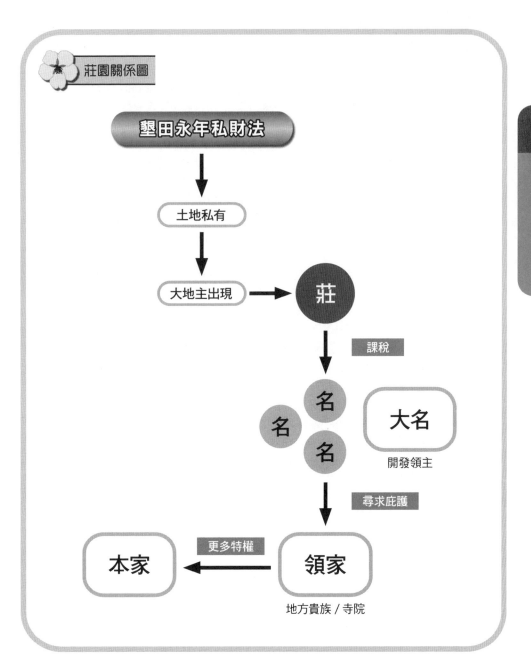

莊園關係圖

墾田永年私財法

土地私有

大地主出現 → 莊

課稅

名 名 名

大名
開發領主

尋求庇護

更多特權

本家 ← 領家

地方貴族 / 寺院

UNIT 4-2 武士的崛起

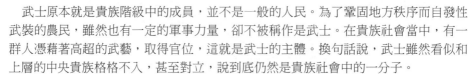

　　武士原本就是貴族階級中的成員，並不是一般的人民。為了鞏固地方秩序而自發性武裝的農民，雖然也有一定的軍事力量，卻不被稱作是武士。在貴族社會當中，有一群人憑藉著高超的武藝，取得官位，這就是武士的主體。換句話說，武士雖然看似和上層的中央貴族格格不入，甚至對立，說到底仍然是貴族社會中的一分子。

　　作為統治階級，武士基本上都是有官位的。甚至有些武士，是源自古老傳承的貴族，官位比一般的武士更高。著名的源氏、平氏就是很好的例子。這些高階武士，可以被理解為軍事貴族，與以文化自居的其他平安貴族相對照。武士並不是個人性的存在，雖然取得官位的始終是個人，武士會以家族為單位，締結主從關係。透過被稱作「郎等」、「郎從」的組織，武士可以支配組織所領有的土地、人民，並以世襲的方式傳承。

　　院政期之前，政治、社會相對穩定，以武力見長的武士們，除了少數內亂及邊境的動亂，沒有太大的發揮空間。自然也沒有辦法藉著武力取得太大的權力。不過，進入院政期以後，狀況開始有了較大的改變，武士有越來越多活躍在政治舞台上的機會。

　　首先，莊園在院政期已經相當發達。天皇家、攝關家等等中央政治勢力，以及寺院的宗教勢力底下，都控制著大量的莊園。以莊園的爭奪為導火線，這些政治勢力與宗教勢力經常發生衝突。雖然，不是每一次的衝突都會導致軍事行為的發生，但為了確保京都不受到威脅，越來越多的武士駐守在京都，確保衝突不會惡化。同時，地方上的武士也逐漸地累積政治、經濟實力。

　　在這樣的背景下，武士階級自然有更多的工作機會。除了在京都維持治安，擔任「衛府」、「檢非違使」等警衛、稽查工作外，也會替莊園領主守衛莊園，確保莊園秩序的穩定。莊園領主的來源眾多，各大政治勢力都有無數的莊園，天皇家、攝關家，甚至是院，都會聘用武士來收取莊園的年貢。換句話說，武士們各自有不同的效忠對象。

　　不過，值得注意的是，上面提到的平安時代的武士工作內容，幾乎都還是與朝廷、中央貴族相關。在武士崛起的歷史過程中，武士扮演的角色通常並不在體制之外，也未與朝廷相對立。這是與幕府、戰國時代之後的武士發展較為不同的部分。

＋ 日本史小提醒

　　武士與武士道並不是同時出現的。現在只要一提到日本的武士，多數人都會立刻聯想到武士道的精神。事實上，所謂武士道精神是江戶時期之後的發明，並不是一開始就伴隨著武士而生的。

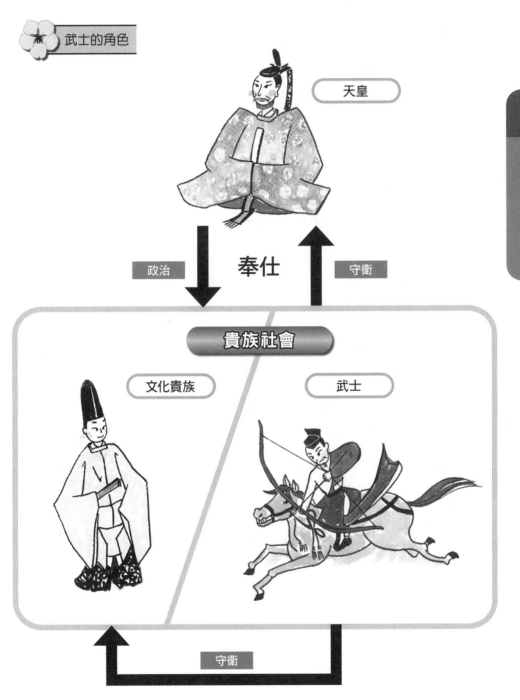

武士的角色

天皇

政治　奉仕　守衛

貴族社會

文化貴族　武士

守衛

院政

圖解日本史

在中國的皇帝制度當中，大多數皇帝都是在駕崩後，由生前指定的太子即位。在日本的天皇制度，理論上也是如此。不過，在許多情況下，天皇選擇自行退位，在生前就將天皇之位交接給繼任者。這樣的狀況在古代日本特別常見。退位後的天皇，不能再使用天皇的稱號，被稱作「太上天皇」，簡稱「上皇」。上皇正是院政中的主角。

院政，簡單地說就是由上皇統領國政的政治形態。從 11 世紀末的白河上皇開始，持續了相當長的一段時間。不過，並不是所有的上皇都有強大的政治實權。其中一項原因，在於院政不但沒有制度化，也不像攝關政治一般取得天皇詔書中保證的官位。院政的權力來源，在於上皇作為天皇的直系尊長，通常是父親或祖父。換句話說，上皇是倚靠著自己的尊貴身分任意地干涉政治。基本上，真正能夠藉著上皇的地位掌握政治權力的，只有白河、鳥羽、後白河、後鳥羽四位上皇。

不過，上皇干涉政治並不是特別的情況。奈良時代的孝謙上皇也曾干預政治，卻不被稱作院政。那麼，院政的「院」指的到底是什麼呢？白河天皇在 1086 年讓位給只有八歲的皇子後，便自稱「白河院」，輔佐年幼的堀河天皇。這是院政的開始，白河院的「院」字稱號，就成了這種新政治形態的名稱。

大多數的學者認為，院政的出現是對攝關政治進行的反動。過去，攝政或關白作為年幼天皇最具政治勢力、政治經驗的長輩，能夠名正言順地取得實權。但在退位的天皇成為上皇以後，攝政、關白就不再是天皇唯一具有政治經驗與名分的長輩了。雖然不像攝政、關白具有官僚的身分，上皇要取得政治權力，面臨的阻礙可能並沒有那麼大。院政期間，執政的上皇被尊稱為「治天之君」，由此可見上皇的地位。

同時，正因為上皇不在政治體制之內，也就不會受到律令制度的規範，在行使權力上更加地自由。因此，許多上皇在院政期間，經常給人恣意妄為的歷史印象。白河院就是最經典的一個例子。

另外，不少上皇後來出家，成為「太上法皇」，簡稱「法皇」。無論是上皇還是法皇，他們對政治的掌控並無不同。前面提到的院政主角中，白河、鳥羽、後白河都曾作為法皇主持院政。

有趣的是，院政一詞，並不只是歷史中的用語。現在的日本社會中，有時仍會使用這個詞彙。通常是用於諷刺某個組織的現任領導者無法真正地指揮該組織，實際權力還掌握在前任領導者的手中。

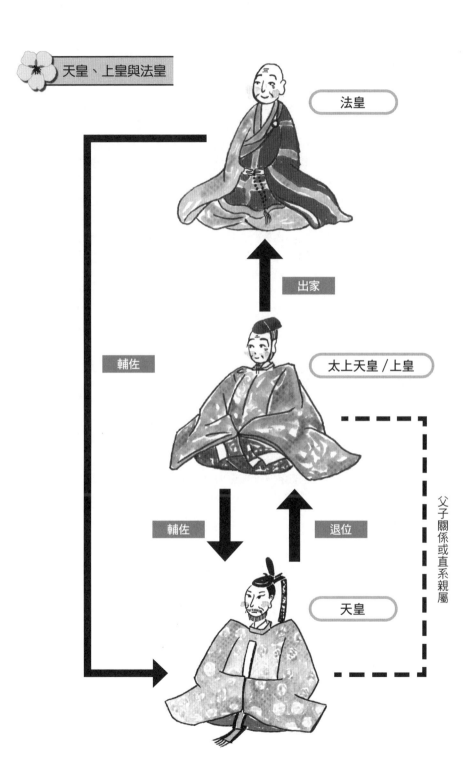

天皇、上皇與法皇

法皇

出家

太上天皇／上皇

輔佐

輔佐   退位

天皇

父子關係或直系親屬

UNIT 4-4
顯密體制論

中世時期，政治與佛教的關係依然相當密切，但也出現了不同於過去的新型態。

其中一項重要的變化，在於隨著律令制度的瓦解，寺院無法依賴既有的制度直接從朝廷方面得到支援。大約從十世紀後半開始，寺院為了確保自己的經濟資源，必須設法取得寺領莊園。對寺院來說，若不能有效地取得、維持這些重要的經濟來源，寺院的勢力可能受到很大的衝擊。在這樣的情況下，按照日本知名歷史學者黑田俊雄的定義，寺院逐漸發展為宗教權門，也就是在宗教事務上具有權威，社會、經濟上也有一定實力的團體。相對於公家、武家，宗教權門就被稱作寺家。

寺家具體的內涵包括既有的顯教與密教。自奈良時代的南都六宗起，以南都六宗為中心的教學研究就同時肩負著以佛教護國的重要任務。即便平安時代時出現了標榜密教元素的天台宗、真言宗，顯教／教學研究在宗教上的地位始終沒有受到太大的挑戰。特別是，最澄建立的天台宗原本就以天台教學、密教法門的結合為核心；而真言宗更明言繼承南都六宗護國上的功能。這樣的形式到了中世時期仍然維持著，因此，可以以顯密體制來概括此一時期的佛教：寺家中的佛教內涵不出顯教、密教，且以兩者的互相包攝、圓融為目標。

顯密體制下的寺家，在地方上扮演著維護封建領主地位的重要機能。由於寺院在一開始就接受貴族的供養，許多莊園的來源也是由當地信奉佛教的貴族捐贈，這些寺院也會替貴族舉行法會、祈禱等佛教儀式，封建領主與寺院之間就產生了結合。此外，除了貴族，新興的武士階級也以相同的方式與寺院結合，地方上的勢力可以以各種權門來表示：公家權門具有執政的功能、宗教權門具有護持的功能、武家權門則是具有守護的功能。三者之間存在著相互依附、共存的關係。

對於顯密體制下的佛教而言，無論實際的統治權力掌握在公家還是武家的手中，佛法與王法／王權的互動都是不變的。這也是國家佛教以來的日本佛教脈絡中的基本概念。

過去被稱作鎌倉新佛教的親鸞、法然等人所領導的佛教思潮，雖然可以說是現代日本佛教的根本，對現代日本佛教的發展具有極高的影響力，卻不是當時的主流，實際上在鎌倉時代不過是極為小眾的異端。日本中世時期的佛教，基本上仍以顯密體制為代表，寺院與國家權力緊密相依、互相合作，日本作為佛國的思想也在此時奠定了穩定的基礎。

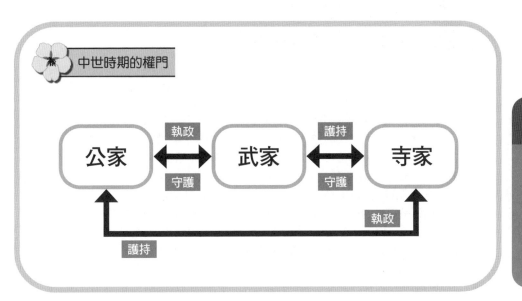

中世時期的權門

公家 ←→ 武家 ←→ 寺家

執政／守護（公家→武家）
護持／守護（武家→寺家）
執政（寺家→武家方向）
護持（公家方向）

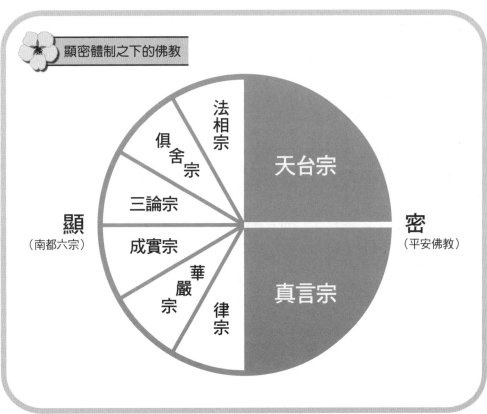

顯密體制之下的佛教

法相宗
俱舍宗
三論宗
成實宗
華嚴宗
律宗

天台宗
真言宗

顯（南都六宗）
密（平安佛教）

UNIT 4-5
平清盛與平氏政權

圖解日本史

　　平清盛出自伊勢平氏，父親是受到院政方面重用的平忠盛。平清盛的政治歷程以及平氏政權的成立、發展，事實上都與院政有著密切的關係。

　　白河院死後，天皇家的皇位繼承產生相當激烈的紛爭，最終由鳥羽院寵愛的近衛即位。不過，近衛在沒有皇子的情況下逝世，由與近衛同輩的雅仁即位，雅仁就是未來的後白河天皇。後白河即位後，政治情勢變得越來越不穩定，這與鳥羽院主導的天皇繼承事宜的混亂有很大的關係。

　　1156 年，鳥羽院病危，後白河搶在此時打算先對他的政敵下手。一時之間，京都的武士階級面臨選邊站的問題，必須選擇加入哪一方的勢力。對於伊勢平氏而言，這是一項艱難的決定。由於三年前才剛死去的平忠盛不但是院政要臣，也與後白河的政敵有密切的關係，平氏一族無法輕易地作出抉擇。最終，平氏選擇了加入後白河的政營。對於後白河來說，平氏的加入使戰情變得明朗，最終取得了勝利。這就是奠定平清盛權力來源的第一役，保元之亂。

　　後白河剷除政敵以後，攝關家元氣大傷，逐漸在政治上失去影響力。此時的政治，幾乎由信西獨佔，取代了過去攝關的地位。同時，後白河也讓位給二條天皇，正式成為後白河院。平清盛重要的第二場戰役，平治之亂，也在此時發生。藤原信賴利用平清盛前往熊野參拜時，動了源義朝的軍力控制京都，不但逼死了專政的信西，還軟禁了後白河院與二條天皇。然而，當平清盛回到京都時，正逢二條天皇脫逃，平清盛立刻打著大義名分討伐叛賊，最終打敗了藤原信賴及源義朝。

　　保元、平治之亂的勝利，使得平清盛成為最具有權勢的政治人物。一開始，平清盛就透過聯姻的方式，與天皇家、攝關家建立聯繫。這樣的作法成功地幫助他累積了大量的政治、經濟資產，白河院也必須利用平清盛的權勢。因此，平清盛當上了武士階級出身者難以想像的高官：內大臣、太政大臣，可以說是站上了律令體系中的政治頂點。

　　由於後白河擁立了與平清盛有姻親關係的高倉天皇即位，平清盛便與後白河產生政治上的合作關係。平清盛將自己的女兒嫁給高倉天皇，未來極可能成為天皇家的外戚。不過，正因為以平清盛為首的平氏一族取得了太大的政治勢力，平氏與後白河院之間的政治合作關係也逐漸出現破綻。

　　兩者之間無可避免地爆發衝突，導火線正是政治上的人事問題。最終，平清盛以武力掃蕩了所有反對勢力，並發動政變軟禁後白河院。平清盛的外孫不但繼任天皇，連新任的院政都掌握在平氏手中，日本實質上已成為平氏政權所有。

平氏的崛起

保元之亂

雅仁（後白河）

平

鳥羽院

攝關家（藤原氏）

平治之亂

後白河院

平

二條天皇

藤原信賴

源義朝

連續兩次亂事中建立的功勞，
使得平清盛的政治勢力如日中天。

UNIT **4-6**
治承、壽永之亂（源平之戰）

　　源平之戰、源平合戰是日本史上最有名的戰爭之一。受到《平家物語》、《源平盛衰記》等文學作品的影響，很容易讓人誤以為這場戰爭真的就只是源氏與平氏的對立，是兩個家族之間的戰爭。事實上，日本學界傾向以戰爭發生的年代稱呼這場戰爭，也就是治承、壽永之亂。

　　之所以要以年代稱呼這場戰爭，最重要的原因在於兩軍的組成內容遠比源氏、平氏來的複雜。首先，源氏、平氏的起源都是古代的皇族。除了作為武士的源氏、平氏之外，在一般的貴族之內，也有不少的源氏與平氏。這些非武士的源氏、平氏，與源賴朝、平清盛系統的武士，不但沒有太大的聯繫，也沒有實際上參與戰爭。因此，要以源氏、平氏的全面戰爭來理解這場戰役，在邏輯上是比較困難的。

　　另外，從所謂源氏的軍事力量，也就是討伐平清盛的軍隊結構來看，並不只有源氏一族在其中。後白河院以及後白河院的皇子以仁王是討伐戰爭的主要發起者，因此，天皇家可以說是其中相當重要的一部分。東大寺、園城寺等寺院勢力，也出兵討伐平清盛一族。不僅如此，各地的地方豪族，也就是在地的政治、經濟勢力，也在戰爭中積極地參與。甚至，就連平氏內部，也有部分武士與平清盛決裂，加入了討伐平清盛的陣營。這麼多不同來源、不同性質的軍事力量共同討伐平清盛，要全部歸功給源氏，恐怕是有些不太妥當的。

　　總之，1180 年，當平清盛的外孫即位成為安德天皇，以仁王便在源賴政的協助下，頒布了討伐平氏、建立新政權的詔令。雖然以仁王的軍隊很快就被平定，內亂卻不斷延燒。過去認為源賴朝舉兵是為了響應以仁王，現在卻傾向是源賴朝評估自己會受到內亂波及，與其坐以待斃，不如主動出擊。石橋山之役過後，源賴朝以鎌倉為根據地，在此樹立軍事政權，這也是後來鎌倉幕府的前身。

　　在戰爭的過程中，平氏面臨著各地不斷舉兵的反對勢力，又接連失去高倉上皇、平清盛兩位重要人物。特別是，平清盛的死去對於戰爭中的平氏政權是一大衝擊。雖然平氏方面並沒有自亂陣腳，仍然持續征討北陸、東國的反叛勢力，但卻遇上了饑荒，不利於以京都為據點的平氏。

　　治承、壽永之亂的中後期，平氏漸漸失去了戰爭中的優勢。後來，安德天皇與平氏一族逃離京都，討伐平氏的勢力順勢擁立新天皇即位。後鳥羽天皇為了取回被安德天皇帶離京都的三神器，派軍隊突襲平氏，平氏在這場一之谷戰役中折損了許多大將，難以再挽回戰局。

　　最終，關門海峽的壇之浦之戰，平氏失去了最後的希望，平清盛的妻子帶著外孫安德天皇及三神器跳海，平氏就此走向了滅亡。

源平之戰階段據點

1 1180 源賴政舉兵

2 1180 石橋山之戰

3 1180 富士川之戰

4 1183 俱利伽羅峠之戰

5 1184 粟津之戰

6 1184 一之谷合戰

7 1185 屋島合戰

8 1185 壇之浦之戰

戰爭擴及的範圍相當廣，從地圖上不難看出這一系列戰役對當時的日本造成多麼大的影響。

UNIT 4-7
鎌倉幕府的成立

　　鎌倉幕府是指 12 世紀末，以關東的鎌倉為根據地成立的武家政權。幕府一詞，指的是以征夷大將軍為首的政權，因此，教科書中多將源賴朝就任征夷大將軍的 1192 年定為鎌倉幕府的起點。不過，這樣的說法存在一個大問題，那就是當時的人們並沒有在哪一年建立了幕府這樣的意識。鎌倉幕府的成立，應該是一連串的過程，單一的事件與年分都不夠充分。

　　我們可以將這個過程分為三階段。第一階段是 1180 年源賴朝舉兵，不斷地透過沒收敵軍領地、設立守護的措施，奠定鎌倉幕府軍事實力的基礎，也就是東國的軍事政治體制。第二階段則是由朝廷承認前一階段所建立的軍事政治體制，並藉著對平氏的戰爭，將相同的體制推進到西國地區。第三階段，也是最後的階段，就是因源平之戰的勝利、平氏的滅亡，戰爭期間的臨時體制得以制度化地維持，幕府的權力真正穩定確立。

　　從以上階段可以發現，對於鎌倉幕府而言，在東國建立的軍事政治體制相當重要，幾乎可以說是幕府政治得以成立的真正要素。源賴朝因父親源義朝在平治之亂中敗給了平清盛，而被流放到伊豆。同時，平清盛的政治勢力達到頂點，甚至以軍事力量軟禁與自己抗衡的後白河院，而這也導致了治承、壽永內亂。源賴朝正是在日本國內的動盪之中，藉機在東國站穩腳步，進一步推翻平氏政權。在源賴朝起事的過程中，他的岳父北條時政扮演了相當重要的角色。也正因如此，日後的北條氏作為執權，實際掌握了鎌倉幕府的權力核心。

　　要注意的是，鎌倉幕府成立之後，京都的公家，也就是以天皇與貴族為核心的朝廷，並沒有消失。事實上，當源賴朝擊敗平氏一族，朝廷的實權再度回到了後白河院的手中。原本，源賴朝打算與後白河院合作，將政治操作交給院政，自己則負責軍事方面的職責。沒想到，後白河卻轉與源義經合作，甚至下令討伐源賴朝。此後，後白河與源賴朝的關係正式決裂。源賴朝也開始改組朝廷的政治勢力。

　　第一步，當然是廢止白河院的專政。源賴朝選擇的策略是與貴族聯手，藉由提高貴族政治上的力量，組織願意親附幕府的政治勢力。其中，源賴朝最想利用的就是「奏議公卿」。奏議公卿是院和天皇的政治顧問，負責提供與政務相關的意見。若是能以奏議公卿為朝中內應，逐步架空天皇與院的權力，幕府就能夠間接掌握朝廷政務。

　　可惜，源賴朝的策略並未成功。朝廷中的貴族，始終較為接近天皇家的政治立場，難以為幕府所用。雖然幕府對朝廷政務的掌控不如預期順利，幕府的軍事實力終究是朝廷不敢得罪的。鎌倉幕府最後仍是憑藉軍事力量控制了日本。

鎌倉幕府成立三階段

第一
階段　　　　　　　源賴朝舉兵建立
　　　　　　　　　東國軍政體制

第二
階段　　　　　　　軍政體制得到
　　　　　　　　　承認拓及西國

第三
階段　　　　　　　平氏滅亡
　　　　　　　　　戰時體制制度化

UNIT 4-8
御家人制度

　　鎌倉幕府的成立，也創造出了御家人制度。一開始，御家人指稱的是與將軍，也就是鎌倉殿，締結主從關係的武士。隨著時代變遷，御家人的實質內容雖有不同，名稱卻一直沿用到江戶幕府時代。

　　過去，家人一詞原本就是追隨主人、服侍主人的人，在中國歷史上也是一樣的用法。在日本，家人則特指以武士身分追隨主君的人。御家人的實質意義，與家人其實沒有太大的不同。只是在鎌倉幕府成立之後，將原本的「家人」冠上「御」字，改稱為「御家人」而已。這是一種敬稱的用法。

　　不過，隨著鎌倉幕府的體制逐漸確立，御家人也成為不可隨便使用的名稱。要成為御家人，必須要親自向將軍上呈名簿，行參見禮。這樣的手續自然有點繁雜，後來，也就開始放寬。可以想像的是，將軍應該難以親自會見手下的所有武士，更難和每一位武士個別締結關係。面對這樣的困難，將軍採用以「總領」為代表的方式，間接地和武士家族締結主從關係。總領制是當時武士家族中使用的一項領導制度。總領是本家的首長，武士家族中的分家則是庶子。將軍只要和作為武家首長的總領締結主從關係，便能夠透過總領來掌握整個家族的軍事力量。

　　那麼，將軍和御家人之間的主從關係，有哪些實際內容包含在內呢？首先，由下對上的角度來看，御家人必須要負責「京都大番役」、「鎌倉番役」等守衛工作；此外，還有內容繁雜的「關東御公事」。京都大番役是指守衛京都的皇居等地，鎌倉番役則是要負責幕府的警衛工作。關東御公事的內容多元，舉凡整修幕府、皇居、寺院、神社，或是臨時需要人力時都必須提供支援。總之，是以臨時性的經濟負擔為主。當然，發生戰爭時，御家人更不可能置身事外。

　　看起來，御家人要做的事情還真不少。御家人又可以從將軍處得到什麼好處呢？按照鎌倉幕府的說法，對於御家人的「奉公」，也就是以上列出的種種工作內容，幕府的回報就是「御恩」。當然，恩若是以抽象的形式展現，恐怕沒有多少人願意擔任御家人吧。非御家人可是不用負責守衛工作呢！幕府對御家人的恩，自然存在有形的一面，那就是經濟上的保障。

　　對於武士家族代代相傳的領地，只要是御家人，就能繼續掌握實際的土地、人力控制權。若是有其他優良表現，例如在戰場上立下了汗馬功勞，更可以獲得新的領地。對於武士家族來說，沒有比領地更實際的獎賞。因此，御家人與將軍、幕府之間的關係，就像是相互依存的緊密連結。

御家人

鎌倉幕府

奉公

御恩（經濟保障）

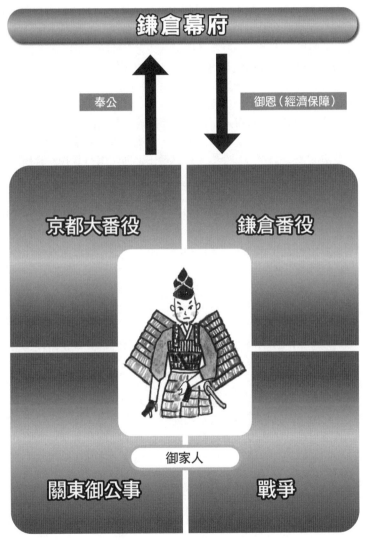

京都大番役　　　鎌倉番役

御家人

關東御公事　　　戰爭

UNIT **4-9**
承久之亂

　　1221 年，後鳥羽上皇為了討伐鎌倉幕府而舉兵，卻失敗而反遭鎮壓的事件，就是承久之亂。一部分的學者認為上皇代表的公家具有大義名分，提出承久之亂應該改稱為「承久之變」的說法。不過，一般還是慣用承久之亂稱呼這項歷史事件。

　　公家、武家的對立，並沒有隨著鎌倉幕府的成立而告終。雖然兩者之間的關係曾一度緩和，但在公家以治天之君，也就是上皇為尊，而武家政權以幕府為依歸的背景下，終究是相互矛盾的。在鎌倉幕府與朝廷之間，最大的問題點就在於日本的統治機構究竟是幕府還是朝廷。朝廷和幕府是平行的兩個機構？還是存在主從關係的階級組織？

　　對於後鳥羽上皇來說，由朝廷來管理幕府，大概是他最想要實現的政治構想。從後鳥羽上皇向五畿七道發出的討伐令中，可以看出他並沒有打算摧毀幕府。嚴格來說，後鳥羽上皇討伐的對象是北條義時，而不是鎌倉幕府或是征夷大將軍本身。換句話說，將承久之亂視為倒幕的起事，恐怕是不太妥當的。

　　事實上，後鳥羽上皇對於幕府所建立的地方統治制度，也就是守護、地頭的制度，應該是沒有太大的排斥感。下令討伐北條義時的同時，他要求守護、地頭加入自己的陣營，而不是要求他們就地解散。某種程度上，後鳥羽上皇或許希望將守護、地頭制度納入自己統治的體系之內。

　　同時，在後鳥羽的支持者當中，也有不少是鎌倉幕府的御家人。這些御家人並不打算破壞既有的制度，損害自己的權益，他們不滿的對象應是以御家人身分統治其他御家人的北條氏。

　　不過，後鳥羽上皇的政治構想終究沒有成真。隨著北條氏平定討伐勢力，後鳥羽上皇及他的支持者都被剷除。後鳥羽上皇被流放，反北條勢力的御家人則被收回領地，失去了政治經濟上的權力。

　　有趣的是，鎌倉幕府方面似乎也沒有取朝廷代之的打算。在流放後鳥羽上皇、罷廢仲恭天皇後，鎌倉幕府扶植了新的上皇與天皇。不過，與後鳥羽上皇不同的是，鎌倉幕府既不打算廢掉朝廷，也沒計畫將朝廷的政治體制性地納入鎌倉幕府的控制之中。鎌倉幕府採取的，始終是一種自外於朝廷的獨立態度。朝廷與幕府對國家的想像，似乎是不太相同的。

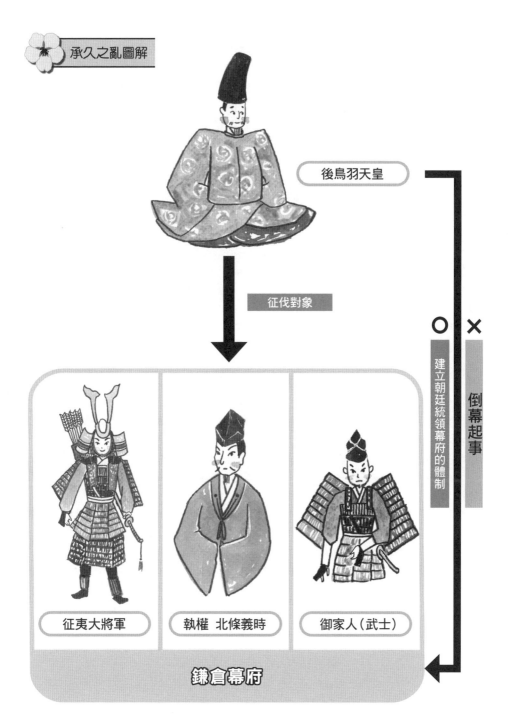

承久之亂圖解

後鳥羽天皇

征伐對象

征夷大將軍　　執權 北條義時　　御家人（武士）

鎌倉幕府

建立朝廷統領幕府的體制

倒幕起事

○　×

UNIT **4-10**
執權政治與《御成敗式目》

　　鎌倉時代，北條氏透過執權的地位，實質掌控了幕府的權力，這種政治形態被稱作執權政治。不過，這是廣義的執權政治，也就是只要作為執權，掌握政治權力，就以執權政治稱之。狹義的執權政治，則不包含北條氏的專政在內，即使身為執權，若只是專制的統治，也不能稱作執權政治。

　　執權政治的開始，應是北條時政擁立源實朝作為三代將軍，自己代行將軍政務之時。當時，北條時政甚至可以以自己的名義發出幕府公文，可見其權力之大。不過，北條時政被自己的子女義時、政子逐出鎌倉，改由他們掌控政權。從此，鎌倉殿不過是由執權北條義朝控制的傀儡。北條政子與義朝，一個作為實質的鎌倉殿，一個作為執權，完全掌握了鎌倉幕府的政治。不過，執權政治未必一直是這麼獨裁的。

　　北條政子死後，當時的執權北條泰時進行了一連串的政治改革，奠定了非專制的執權政治。北條泰時的改革將執權政治導向合議制，不但增加了執權的人數（後來改稱「連署」），在執權之外還增設了「評定眾」，建立了合議制度的基礎。其中，增加執權人數是一件相當特別的決策。北條泰時不但沒有設法除去潛在的政權競爭者，還主動地將權力開放給其他人共享，絲毫沒有獨裁、專制的架勢。執權、連署與評定眾成為鎌倉幕府的最高行政機構，政策的訂定、人事決策、訴訟裁決、立法等重要的政務都由眾人合議決定。另外，北條泰時還制定了《御成敗式目》，提供判決上的客觀基礎。在北條泰時的努力下，執權政治進行的相當順利。

　　《御成敗式目》是站在日本武家角度所訂定的法典，相當具有時代意義。在鎌倉時代，武士間因利益而產生的糾紛不斷。作為武士的上級單位，幕府有必要作出裁決。但是，北條泰時發現過去的裁決都是以「先例」為基礎。若是沒有先例可循，該如何判斷呢？同時，就算有先例可以參考，裁判通常並沒有想像中的公平。受到兩造雙方在現實中的勢力差距影響，有時根本不是按照是非對錯作出判決，而是看誰的身分較高、勢力較大。

　　要根除這種不公平的裁決，幕府得自己建立一套標準。《御成敗式目》就是在這樣的背景下產生的。北條泰時不但親自學習律令等等過去由貴族制定的法律，更以武士的道德、常識為基礎，融入既有的先例，完成了這部武家法典。

　　藉著這部法典的頒布，北條泰時其實有著相當遠大的期望：希望透過平凡至極的「道理」，社會中的每個人都能盡忠、盡孝，人心正直，人民能夠安心的生活。

北條泰時的執權改革

北條泰時

A 合議制

增加執權 / 連署

評定眾

B 客觀判決基礎

御成敗式目

律令等貴族法律

先例

武士的道德、常識

UNIT **4-11**
蒙古入侵與「神風」

　　1281 年，蒙古入侵日本，這是繼中國南宋滅亡以後又一波的對外戰爭。不過，蒙古入侵日本並不是一夕之間發生的事情，之前已有許多跡象預示了這場戰爭的到來。

　　早在 1266 年，忽必烈就派遣使者招降日本，要求日本向蒙古稱臣，加入其世界帝國的一部分。不過，這封國書沒有順利抵達。1268 年，第二次的遣使終於將國書送抵福岡的大宰府（即現在的太宰府市）。然而，日本政府並不把這封國書當一回事，在沒有任何回覆的情況下，就把使者遣返。之後，忽必烈再次派遣使者，並譴責日本的態度，宣稱要是沒有任何回覆就要立刻派一萬艘軍艦占領京都。

　　這一次，鎌倉幕府很快就向西國的御家人發出警戒令，並由北條時宗接任執權。北條時宗不接受蒙古國書，甚至不合國際慣例地處死使者。但是，北條時宗不是沒有理解到戰爭一觸即發的可能性，從他的政策就可以明白。他命令在九州擁有領地的東國御家人都要前往九州，加強沿海地區的守衛，更以最可能受到攻擊的博多為中心，要求御家人輪流戒備。

　　與蒙古的第一次交戰（文永之役），北條時宗就面臨慘敗。這一次戰爭，蒙古軍隊似乎只是要嚇唬日本，很快就撤軍，並遣使招降。不過，北條時宗殺光這批使者，宣示要與蒙古抗爭到底的決心。此外，他還計畫要先發制人，以蒙古軍隊的高麗據點為對象，想要藉由征討高麗截斷蒙古軍隊的路線。可惜的是，這個計畫最終沒有來得及實行。

　　為了防備蒙古的第二波攻勢，北條時宗得先強化博多的守備。他在博多沿岸設置了石質圍牆，透過海岸線的防禦工事，目的是阻止敵船登陸，造成守備軍的死傷。北條時宗的這項戰略，徹底地封鎖了蒙古艦隊。在第二次交戰（弘安之役）時，蒙古艦隊因為無法登陸，而在海上遇上了暴風雨，船隻因而被毀。這也是過去日本人所說的護衛日本的「神風」。

　　在弘安之役以後，忽必烈和北條時宗都沒有打算放棄下一波的攻勢。北條時宗原本計畫重新征討高麗，卻也未能完成。三年後，只有 34 歲的北條時宗突然病死，再也無法完成他的征伐計畫。

　　蒙古艦隊雖然沒有攻占日本，長期的戰爭壓力卻間接地使鎌倉幕府無法再妥善運作。最終，幕府在政治、社會、經濟多方面的壓力下崩潰，鎌倉幕府的統治就此畫下句點。

蒙古入侵路線圖

文永之役元軍路線
東路軍路線 ⎫
江南軍路線 ⎬ 弘安之役

文永之役　元、高麗軍約 2 萬 8 千多人

弘安之役　東路軍約 4 萬人
　　　　　江南軍約 10 萬人

高麗

合浦

巨濟島

元軍

東路軍

江南軍
先發部隊

慶元的
江南軍

對馬

小茂田

豆酘

玄　界　灘

長門

赤間關

勝本
壹岐

鄉ノ浦

能古島

志賀島

宗像神社

多多良

筥崎宮

×博多

姪浜

太宰府

筑前

豐前

平戶島

五島

平戶

鷹島

松浦

伊万里

肥前

筑後

豐後

UNIT 4-12
一山一寧

　　一山一寧是浙江台州人，曾學習天台宗教學、律宗，也曾住天童山、育王山等當時重要的禪宗寺院，向大慧派禪僧藏叟善珍等有文筆的禪僧學習。赴日前曾任祖印寺、普陀山寶陀寺住持。當時中日之間的關係並不友好，元世祖向日本招降的國書屢次被退回，決定出兵日本，但兩次戰爭都以失敗作終。雖然曾打算以禪僧為使者，柔性地招降日本，但也未能成功。此後，兩國之間的貿易、文化往來也在一定程度上受到政治影響，雖沒有斷絕聯繫，但官方採取的都是較為消極、防範的態度。

　　直到一山一寧接受愚溪如智的舉薦，作為元朝使者，與西澗子曇等僧人以及相關官吏一同前往日本，兩國之間的情勢才開始有了改善的空間。一山一寧作為元朝招降的使者，一開始被幕府視作間諜，甚至被軟禁在伊豆，但在日方得知他的高僧身分後，不但受到北條家的敬重，還任建長寺住持，在日本弘揚佛教。後來，一山一寧歷任圓覺寺、淨智寺、南禪寺住持，對日本禪宗發展造成很大的影響。

　　一山一寧在日本二十年，所待的寺院都是日本最重要的禪宗寺院，說法的對象包括公家、武家的貴族們、寺院中的僧侶，甚至是一般人民。據說一山一寧願意接待來自各方問禪的信徒，不問其背景。一山一寧剛到建長寺之時，建長寺還未從之前火災所受到的損害中重建，一山一寧修復殿堂，建立寺院制度，使得建長寺很快就回復到昔日繁盛的面貌。後來，一山一寧兼管圓覺寺，花了很多力氣與時間，可能是由於兩所寺院的寺務實在太過繁忙，後來就專管圓覺寺，不再管理建長寺的事務。之後，京都的後宇多天皇命令一山一寧掌管南禪寺，當時的南禪寺名義上雖位於五山之首，事實上可能還不太完備，一山一寧在南禪寺的工作似乎相當辛苦，後來也在此圓寂。

　　從一山一寧的語錄當中可以發現，一山一寧具有很好的文學造詣，常有名言佳句傳世。他的詩句也常融合自然景色以及禪學體悟。此外，一山一寧留下的書法作品也是質量兼備。除了佛教的貢獻之外，一山一寧還被譽為日本朱子學之祖。他在佛學之外，對儒學、文學都有一定程度的理解，他淵博的學養，也使得五山之中開始了漢詩、文學的發展。

　　一山一寧在日本的時間相當長，在日本，受到一山一寧影響的僧侶人數很多，這些僧侶當中某些人又前往中國留學或遊學，在往來中日之間，禪僧之間的社群產生互動，有時在寺院中相互問學，有時則是在路途上一同作伴。這樣的經驗，對於禪僧彼此之間的互動必然有正面的影響。而禪僧們在求學期間累積的法嗣、法兄弟關係，隨著各自前往不同的寺院，又織成更繁複的網絡，強化了禪林之間的人際網路。在廣義的文化方面，一山一寧帶來的影響相當多元。這一時期的五山佛教文化，成為後世日本文化相當核心的一部分，一山一寧不只影響到了中日之間的禪佛教交流，更促進了社會各層面的文化發展。

一山一寧的重要事蹟

中國
時期

普陀山寶陀寺住持

被舉薦為元朝使者

元朝
使者

作為招降使節進入日本

被軟禁於伊豆

禪僧
活動

禪僧身分得到證實

受到北條家敬重

建長寺
時期

任建長寺住持

建立寺院制度

南禪寺
時期

前往京都任南禪寺住持

圓寂於此

UNIT 4-13
日本史上的南北朝

圖解日本史

　　不只中國歷史上有南北朝，日本歷史上也曾經有南北天皇並存，各有支持者的南北朝時代。由於這段時間的政治、社會實在太過動盪，也有人稱為南北朝內亂。

　　基本上，我們可以把南北朝分為四個階段。第一階段，是鎌倉幕府的政治體制開始面臨崩潰時，由後醍醐天皇提出的建武新政及倒幕運動。當時的社會當中有許多不穩定的因子，這些人被稱作「惡黨」。各地出現的大量惡黨，使鎌倉幕府疲於奔命，而後醍醐天皇就利用這些社會中的游離分子，聯合對於幕府不滿的御家人、地方武士，組成倒幕的軍事力量。後醍醐天皇推翻幕府之後，卻無法提供更穩定的政治體制，反而遭到驅逐。足利尊氏擁立光明天皇，創設室町幕府。

　　第二階段，是因南北兩天皇所引發的內亂最激烈的時期。後醍醐天皇在吉野建立了南朝，不斷與室町幕府的軍隊交戰。不過，南朝軍隊的勢力節節敗退，後醍醐天皇也逝世，由年幼的後村上天皇即位。戰爭的情勢並未扭轉，吉野被攻陷，後村上天皇逃亡。

　　第三階段，南朝軍隊趁著足利尊氏將大軍派往鎌倉時，攻擊京都，並成功奪回京都的控制權。這是南朝軍隊最後的大規模軍事行動。此後，京都、鎌倉等據點都被奪回。足利尊氏死後，繼任將軍位的足利義詮開始全國性地殲滅殘存的南朝勢力。南朝軍隊最終與幕府談和，戰爭到此告一段落。

　　最後的第四階段，就是由幕府主導的南北朝合體。由於足利氏的勢力已相當穩固，南朝軍隊不得不選擇與之妥協。雖說是南北朝合體，事實上就是南朝的消滅，政權回到與幕府合作的北朝手中。

　　長達六十年的南北朝，嚴重影響到天皇在政治上的實際權力。對於政治勢力而言，最重要的社會、經濟基礎，也遭到戰火的波及。公家的政治權威自此以後已難以再恢復到過去的水準。

　　不過，也由於南北朝期間徹底改變了日本的政治權力分配，此後的日本逐漸走上不同於過去的發展，變化越來越明顯而劇烈。商業、手工業的發展，依據民眾喜好而改變的文化，這些都是過去貴族社會中難以創造出的產物。

✚ 日本史小提醒

　　所謂的「惡黨」，並不是不善良的、邪惡的意思。中世日本歷史中的惡黨之「惡」，主要是指強悍、彪悍，或是不屈服於規範、體制的意思。換句話說，惡黨是一群具有力量的、勇於挑戰威權體制的人物。

南北朝的四個階段

建武新政 / 倒幕運動

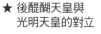

★ 後醍醐天皇與
　 光明天皇的對立

★ 室町幕府成立

後醍醐天皇　　　光明天皇

內亂激烈

後醍醐天皇　　　室町幕府
　　　　　　　　（光明天皇）

後村上天皇的軍事行動

後村上天皇

★ 後村上天皇
　 的軍事行動

★ 南朝與幕府
　 談和

南朝　幕府

幕府主導的南北朝合體

UNIT 4-14
室町幕府的成立

　　室町幕府是繼鎌倉幕府之後的幕府政治權力，掌握了日本的政治有兩百多年之久。室町幕府以足利氏為首，因此又稱為足利幕府。「室町」的來源是足利義滿在京都所建造的宅邸，由於位置在京都北小路室町，宅邸的名稱就叫「室町第」。可見，室町幕府並不是一開始就使用的名稱。

　　足利氏在鎌倉時代就有一定的政治實力，領有三河、上總地區，還與北條氏聯姻。在鎌倉幕府搖搖欲墜之時，足利氏率軍征討後醍醐天皇，可以說是繼承了鎌倉幕府的政治勢力。在京都，足利氏成立了稱作「奉行所」的軍事政治機構，成為未來足利幕府軍政行政機構的前身。足利氏還積極地吸收過去鎌倉幕府的官僚，展示了自己作為鎌倉幕府繼承者的形象。

　　不過，室町幕府終究和鎌倉幕府不同。就中央政治機構而言，行政方面由「管領」負責輔佐將軍，統轄政務；軍事方面則由「侍所」的長官「所司」負責京都內外的警衛工作、刑事裁判；財政方面交由「政所」的長官「執事」管理。另外，還有負責保管文書、檔案的「問注所」。

　　在地方的政治機構方面，有「鎌倉府」統治關東八國及伊豆、甲斐；「九州探題」、「奧州探題」、「羽州探題」分別負責九州、陸奧、出羽的統治。不過，室町幕府最重要的地方行政單位，還是支配領國的「守護」，後來又被稱作「守護大名」。

　　由於南北朝長達六十年的動亂，室町幕府不斷地吸納地方勢力強大的武士進入己方陣營，各地的土地都掌握在這些守護手中，直屬幕府的領地（御料所）雖然上繳年貢，卻不見得足夠支付幕府大量的開支。因此，室町幕府相當仰賴商業、手工業的稅收。

　　當時的稅收名目眾多，簡直是五花八門。像是「段錢」、「棟別錢」指的是田地、房屋按單位課徵的臨時稅；「酒屋役」、「倉役」是向京都造酒業者及金融業者課徵的商業稅；「關錢」、「津錢」是在關所、港口課徵的通行稅；國際貿易，例如和明代的貿易，還有額外的「抽分錢」。除了向一般人民課稅，連宗教組織都在室町幕府課稅的對象當中，「獻錢」、「官錢」就是當時禪宗五山寺院所支付的上納金。

　　從這些琳琅滿目的稅目名稱，不難發現室町時代的社會已和過去逐漸不同。商業在社會生活中所占的成分越來越高，過去以農民為主的社會形態，已經悄悄地開始改變。

室町幕府的結構

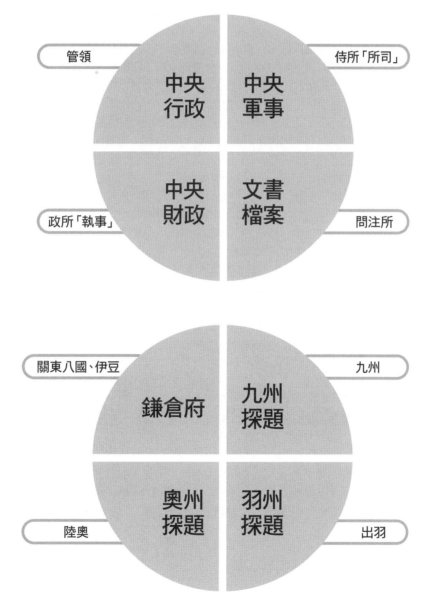

管領 — 中央行政

侍所「所司」 — 中央軍事

政所「執事」 — 中央財政

問注所 — 文書檔案

關東八國、伊豆 — 鎌倉府

九州 — 九州探題

陸奧 — 奧州探題

出羽 — 羽州探題

五山禪僧與五山文學

　　五山指的是日本仿照中國宋代官寺制度所建立的禪宗寺院。五山所指的寺院並不固定，甚至不一定是五間寺院。在日本，還有鎌倉五山及京都五山之分。

　　儘管五山初期以完整地複製宋代禪院文化為標榜，無論在實體的寺院建築、日常生活依據的清規等都與宋元寺院一致，但逐漸還是出現了日本在地化的傾向。例如：五山寺院內念誦的大量陀羅尼、東福寺建築群中出現了真言宗特有的灌頂院等。可能都是因為寺院、僧人必須符合支持寺院的檀越，也就是當時日本的政治核心將軍家的期待，為了替將軍家祈福，具有日本特色的五山禪院文化也開始興起。

　　在中世時期，夢窗疎石可以說是最有代表性的一位五山禪僧。夢窗疎石曾分別求學於鎌倉建長寺及京都建仁寺，是一山一寧的弟子，在漢詩上有很高的造詣。他在生前就被後醍醐天皇尊為國師，死後更是陸陸續續被不同朝敕封國師號，被稱作七朝國師，可見他當時地位之高，影響力之大。夢窗曾經建議足利尊氏、足利直義在全國各地建立一寺一塔以為戰亂死去的亡者祈福。各地的安國寺與利生塔就是這樣建立起來的，此後，如同真言宗、天台宗一般，禪宗寺院建築也在各地普及。特別是，各地的守護經常以安國寺作為自己的菩提寺，與地方政治勢力也產生結合。

　　夢窗疎石還有一件重要事蹟，就是他創立了以極富禪風的庭院而聞名的京都天龍寺。建造天龍寺的過程中，為了募得興建寺院所需的巨大款項，有所謂「天龍寺船」的貿易船航向元國，以取得商業利益用於寺院建設。夢窗本人雖然沒有實際到過中國，但他在中日文化交流史上仍有相當程度的影響力。夢窗對於庭園的偏好也對日本近代以來的文化影響深遠，許多著名的禪寺庭園都是出自他的設計。

　　當然，夢窗疎石之所以得名，與他創作的漢詩不無關係。狹義的五山文學，特指五山僧侶的漢詩創作；廣義的五山文學，則包括以五山僧侶為主體的漢文文學的創作、研讀、校注、出版，程朱理學也被包含在內。五山文學的興起，一方面得力於中日之間僧侶的往來，留學中國的僧侶，通常有較高的漢文素養、詩學能力，將宋代以後的文字禪帶回日本。另一方面，幕府也支持、保護禪僧們的活動，五山文學得以進一步發展。

　　基本上來說，五山文學在文方面偏好四六駢體文，重視文章的形式美；詩方面則以古詩、律詩為主。透過禪詩的創作，僧侶在討論禪學的同時，也磨練了自己的漢詩文能力。到了後期，甚至有些禪詩已經偏離對佛學的討論，而全以詩文之美為標榜。

鎌倉五山與京都五山

鎌倉五山

建長寺（北條時賴）（一）

圓覺寺（北條時宗）（二）

壽福寺（北條政子）（三）

淨智寺（北條宗政、北條師時）（四）

淨妙寺（足利貞氏）（五）

上 一 二 三 四 五
＝
位次

（）內人名為建寺的重要贊助者。

京都五山

南禪寺（龜山上皇）（上）

天龍寺（足利尊氏）（一）

相國寺（足利義滿）（二）

建仁寺（源賴家）（三）

東福寺（九條道家）（四）

萬壽寺（郁芳門院）（五）

UNIT *4-16*
守護大名

　　介紹室町幕府的時候，曾經提過地方上的「守護」是室町幕府相當重要的地方統治形態。由守護，或稱守護大名，支配地方政治、經濟力量的政治制度，就是守護領國制。不過，守護領國制度是日本史研究上較舊的說法，該說法強調室町幕府廢除了既有的莊園制度，改以守護領國。但是，現在的研究已經發現，室町時代的守護不但沒有廢止莊園，反而是依賴莊園作為經濟來源。

　　守護領國制度雖然受到修正，守護大名仍然是有歷史意義的存在。守護，是在平安時代就已出現的詞彙，意指負責守衛宮廷、政府機構等單位的職位。一開始，守護制度是作為室町幕府軍事政策的一環，在每一國都設置有這個職位。另一方面，大名則是指擔任守護，或有著如同守護一般勢力的有力武士，總之，指的就是有權有勢的人士。這兩個詞彙原本在語意上不太相同，但由於隨著政治發展，兩群人漸漸重疊，也就越來越難區分守護與大名的差異了。

　　比起在地方上任職的守護，大名在京都更加活躍，也與幕府的政治有較深的直接關係。舉例來說，室町幕府政治中重要的「三管四職」，也就是負責「管領」、「侍所」政務的長官，通常都由固定的家族出任。這些家族包括了斯波氏、細川氏、畠山氏（三管），以及一色氏、山名氏、赤松氏、京極氏（四職）。其中，斯波氏、細川氏、畠山氏、一色氏都是足利一門，山名氏也和足利氏相當密切。這七個家族出身者，不但掌握了京都周遭的守護之職，還個別作為許多各地屬國的守護，合計有守護總數的六成之多。換句話說，這些家族不但作為幕府中央政治機構的長官，也同時具有地方上守護的身分，和幕府共享了從中央到地方的政治權力。

　　值得注意的是，在南北朝時期的動盪之後，除了因軍事行動而前往各地的大名之外，大多數的大名，即便擔任地方守護的職位，仍然居住在京都。在京都，大名們召開評定會議，討論政務，也作為室町幕府的政治顧問。這些與幕府政治息息相關的政治活動，都是在地方上難以進行的，也使得大名們更有意願留在京都。

　　那麼，這些大名若擔任守護，要如何控制自己的領國呢？由於許多政治勢力強大的大名擔任好幾個領國的守護，根本不可能分身管理，他們便委託「小守護代」來代為管理領國。小守護代原本可能是大名地下的武士，他們將領國莊園內的經濟收益提交給居住在京都的大名，大名便可以安心地在京都繼續參加政治活動。不過，在應仁、文明之亂以後，許多大名親自前往自己擔任守護的領國，加強了大名對領國的實際控制。而擁有複數領國的大名，也必須將自己的領國集中，鞏固勢力，最後，就演變為戰國大名的統治形式了。

兼具中央政治職及地方守護身分的重要大名

三管
（管領）

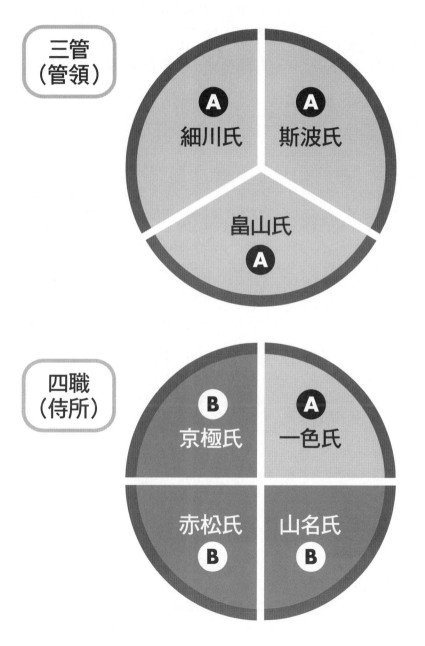

四職
（侍所）

UNIT *4-17*
勘合貿易

要談勘合貿易，就先要理解勘合是什麼。過去的看法認為，勘合指的是一種為了辨明使者真偽而由政府發放的信物，通常兩件一組，能夠拼湊在一起，相互符合。不過，現在的學者考證，勘合其實是由明朝政府發放的公文，當中留有大量的空白處，供日本方面填寫進貢品或貿易商品的明細。換句話說，勘合就像是使節團的身分及貿易許可證明。

受到明代禁海令的限制，要與中國貿易就必須要取得勘合。因此，勘合貿易指的就是由持有勘合的日本商船，前往中國進行貿易的情況。根據貿易形式與內容的不同，學界一般將勘合貿易細分為以下三種不同的貿易形態：朝貢貿易、官方貿易、私人貿易。

朝貢貿易是三種貿易形態當中最容易產生爭議的。之所以命名為朝貢貿易，是考慮到前往中國的船隻，是以「遣明船」的名義進入中國的。換句話說，也就是作為日本國王的使節，向中國皇帝朝貢。在中國的天下理論當中，這是唯一合理的外國使節進入中國的方式。不過，朝貢不見得是他們最主要的目的。中國天子面對來自外國的朝貢，有義務要回賜大量的物品，以彰顯自己作為天子的恩德。當然，日本使節也不能空手前往，要攜帶日本的特產品上呈給中國天子，才能完成朝貢的任務。從明朝皇帝得到的賞賜，當然具有商品價值，這是東亞自古以來就存在的一種國際貿易方式。

除了朝貢貿易之外，官方貿易也是一項重要的貿易管道。隨著遣明船，通常還會有其他載有貨物的船隻一同前往中國。在使節進行朝貢的同時，這些商品往往也會透過特定管道交易。

不過，在勘合貿易當中，最大宗的貿易方式應該還是私人貿易了。當時，中國境內最繁華的國際貿易都市就是寧波，那裡有得到明朝政府許可的牙行商人，可以代售遣明船上的貨物，也可以代為進貨。此外，從寧波往返北京的途中，商人也有機會交易。

當時最重要的商品，除了絲織品外，還有藥物、砂糖等高級生活用品，以及書籍、繪畫等文化商品，瓷器、銅器、漆器等奢侈品也在其中。根據一位曾搭乘遣明船前往中國的日本人的記錄，中國商品帶回日本後，價錢可以水漲船高到二十倍；從日本運到中國的貨物雖然沒有這麼好的價錢，但也可以賣到五倍左右。從這樣的紀錄中，不難發現日本對於舶來品的喜好，以及勘合貿易的利益所在。

✛ 日本史小提醒

為什麼是「日本國王」的使節？

日本不是沒有國王，只有天皇嗎？這裡所指的日本國王，是室町幕府的將軍喔！對明朝政府，足利將軍自稱為日本國王。

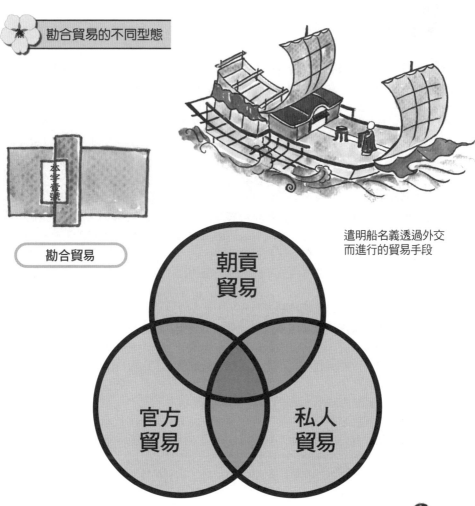

★ 勘合貿易的不同型態

本字壹號

勘合貿易

遣明船名義透過外交
而進行的貿易手段

朝貢
貿易

官方
貿易

私人
貿易

非朝貢／賞賜途徑交易的商品

以商人為主最為大宗

UNIT 4-18
應仁、文明之亂

　　知名的日本京都大學歷史學者內藤湖南曾對應仁、文明之亂下了一段評價：應仁、文明之亂以前的歷史，對現代的日本人而言，就像外國一樣的陌生，現在我們認識的日本，基本上都是應仁、文明之亂之後發展出的日本。

　　這段文字清楚地說明了應仁、文明之亂的意義。在應仁、文明之亂以後，室町幕府的權力崩解，日本進入了戰國時代，過去的貴族大多消失在歷史的洪流之中，社會也起了很大的變化。

　　應仁、文明之亂究竟是一場什麼樣的動亂？過去，很多人認為應仁、文明之亂是因室町幕府的將軍繼承問題而起。支持足利義政弟弟足利義視接任的細川勝元，以及與足利義政妻子日野富子結盟，傾向由足利義政之子足利義尚繼承的山名持豐開始了政治上的鬥爭。細川氏、山名氏都是室町幕府中重要的政治人物，他們之間的矛盾造成政治動亂是很容易理解的。但是應仁、文明之亂的內容並不這麼單純。這是因為在細川勝元與山名持豐死後，雙方家族不再對立，但應仁、文明之亂卻沒有畫上句點，還持續了三年半之久。因此，應仁、文明之亂的背後應該還有別的原因。

　　事實上，在細川勝元與山名持豐產生政治上的對立之前，雙方是相當友好的，還有聯姻的關係。當時真正具有激烈矛盾的，是細川氏與其他大名聯合的反細川勢力。這些大名們為了爭奪領國，都希望強化自己在中央的勢力，期待藉著對幕府政治的影響力取得實際的政治、經濟利益。不過，在對立的態勢下，山名持豐認為自己可能取細川氏代之，毅然決然加入了反細川勢力。這樣意想不到的政治動作，使得當時大名間激烈的政治角力更加白熱化，戰爭也就無法輕易地結束。

　　諷刺的是，這些大名爭奪中央權力的結果，反而造成幕府的政治功能失衡。地方上的勢力變成完全的實力主義，而不再隨著中央的政治意志行動。最終，幕府在地方上的權力名存實亡，幕府政治面臨解體的危機。

　　應仁、文明之亂中激烈而頻繁的戰爭，也出現了不同於過去的戰爭形態。此前，戰爭的主體是貴族階級的武士，雖然已有一般士兵的存在，但重要性並不高。然而，在應仁、文明之亂一系列的戰役中，被稱作「足輕」的步兵扮演了至關重要的角色。當時的戰爭太過激烈，激戰區的莊園幾乎是全體總動員加入戰爭。這些莊園中的人民未必具有什麼軍事力量，但加入戰場之後，便成為驚人的人力資源。他們建築防禦工事，甚至燒殺搶掠，改變了戰爭的面貌。

　　戰爭形態的如此改變，加上戰國時代的到來，一般人民在社會上的地位與功能，逐漸地不同於過去的貴族社會。這也是應仁、文明之亂前後社會巨變的一項重要背景。

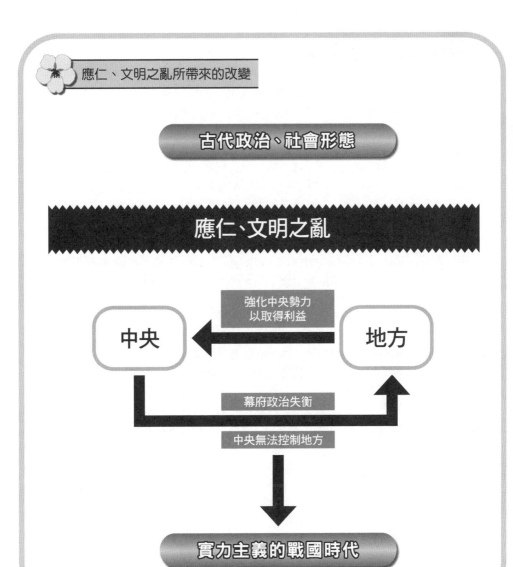

應仁、文明之亂所帶來的改變

古代政治、社會形態

應仁、文明之亂

強化中央勢力
以取得利益

中央　　　　　地方

幕府政治失衡

中央無法控制地方

實力主義的戰國時代

UNIT **4-19**
商業的興盛

　　室町時代的商業空前興盛，除了農產、漁產的商品化之外，手工業的發展也使得商品的種類更加多元。同時，當時的貿易路線也遠比過去豐富，從貨幣的使用狀況也可以看出室町時代之發達。

　　在說明室町時代的商業之前，必須先理解兩個關鍵字：座、市。

　　「座」的原意，和中文的用法一樣，指的就是座席、座位。在朝廷或是佛教的儀式中，只有具有特定身分的人能夠坐在指定的座位上，久而久之，「座」開始代表具有特定身分的一群人。在商業上，那就是不用負擔勞役，享用經營商業特權的人們。室町時代開始在畿內等城市出現較多的「座」，到了戰國時代，更有由大名自己管理的座，以強化大名對領國的商業控制。

　　「市」就是可以進行貿易的地方，在古代的平城京、平安京內都由仿自中國的東市、西市的規劃。在中世時期，由於商業越來越發達，市也在各地普及。當然，這些市通常都在交通要道上，特別在京都與鎌倉之間，有大量的市的存在。大多數的市都由一定的舉行時間，並不是全年固定開放的。配合不同市的開放日期，許多商人也往來各地賺取更多商業利益。

　　之所以能有這麼發達的商業環境，商品的製造與流通一定不同於過去。以陶器的製作為例，當時改善了燒窯的技術，使得一次能燒製的陶器數量大大提升，對於陶器的商品化有相當大的幫助。據說，一些大的窯，一次就能製作五千件陶器，相當驚人。當然，對陶器的需求，應該才是促進技術改革的重要背景。需要一次燒製這麼多的陶器，絕對不會只是為了滿足一個聚落內部的需求，不難想像當時應該已有相當規模的中、長程貿易了。技術的提升與商業的發達互為表裡，不斷地刺激日本工商業的發展。

　　另一方面，與商業活動息息相關的貨幣，也不能不注意。當時日本主要使用的貨幣，並不是日本朝廷所鑄造的錢幣，而是中國鑄造的宋代錢幣。除了宋代錢幣之外，其實其他朝代的錢幣，諸如唐代、元代、明代的錢幣，也在日本流通。這些錢幣雖然並不相同，但用法是一致的，都以一枚錢幣充當一文錢。不過，由於錢幣的類別畢竟不同，錢幣的保存狀況可能也有差異，慢慢出現了錢幣不等值的狀況。再加上，日本各地對於貨幣還有不同的偏好，九州最受歡迎的是洪武通寶，關東地區則較偏好永樂通寶等等。各地複雜的商業環境，也都影響了貨幣的流通。

　　無論如何，座、市的興起、手工業的技術突破，以及貨幣流通的複雜性，都從不同角度說明了室町時代開始逐漸發展的商業面貌。此後，即便歷經戰爭頻仍的戰國時代，日本的商業都一直興盛的持續進展，甚至發展出江戶時代極具特色的町人文化。

何謂「座」與「市」

座
- 特定身分
- 商業特權
- 不服勞役
- 商業控制

市
- 固定場所
- 交通要道
- 特定期間

各種中國錢幣都在日本流通

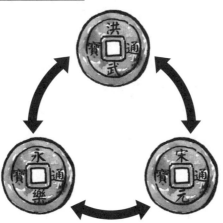

UNIT **4-20**
北山文化

　　室町時代的文化可以分為前後兩期：前期的北山文化以及後期的東山文化。北山之名，是源於足利義滿在京都北側的洛北地區建造的北山宅邸。眾所皆知的京都金閣寺（正式名稱為鹿苑寺）便是北山宅邸中的建築之一。北山文化的時間帶大約落在 14 世紀後期到 15 世紀初期之間。

　　隨著足利尊氏在京都建立幕府，京都不再是以公家等皇族、貴族為主體的城市，許多武家勢力也聚集於京都，促進了公家、武家之間的文化交流，進而能產生新的文化。北山文化的特徵之一，便是雜糅了傳統的公家文化以及新興的武家文化。

　　值得一提的是，禪宗文化在此時期的發展特別顯著。足利義滿支持禪宗的發展，訂立了五山等制度，促進了禪宗文化在京都地區的發展。五山文學的興盛也是北山文化的表現之一。此外，連歌、能樂（當時稱作猿樂）、水墨畫也是此一時期新出現的文化形式。

　　北山文化中最讓人感到印象深刻的，應該是以「唐物」為代表的中國印象。在日文當中，「唐」是中國的代稱，唐物就是來自中國的舶來品。最早，唐物是以寺院中的物品為大宗。當時的東亞佛教界廣泛地流行以中國禪宗寺院為基準的佛教樣式，曾到中國留學的僧人，致力將中國的禪院文化複製到日本。因此，在日本的禪宗寺院當中，不但遵照中國禪院的生活方式，使用的物品也儘可能的從中國進口，甚至在寺院裡使用中文。唐物就是在這樣的背景下流行於日本的。

　　最具代表性的唐物，或許是來自中國的茶罐吧。一個簡單的茶罐背後，可是大有文章。首先，日本喝茶的習慣原本就來自中國寺院，喝茶本身就是一種中國式的行為，極具異國情調。而在中國製造的茶罐，即使不一定是多麼了不起的精品，也因為作為具有中國文化意象的舶來品，而成為珍貴的收藏品。

　　此外，中國的繪畫也是備受重視的唐物，來自中國的文人畫成為貴族們競相收藏的高級品。當時，日本的畫家們以學習中國畫的繪畫技巧為風尚，也有部分畫家的創作成為日本水墨畫的基礎。有趣的是，知名的北山文化代表畫家多為僧人，例如東福寺的明兆、相國寺的如拙及弟子周文等人。他們留下的畫作現已成為日本國寶。

　　北山文化與其後的東山文化，雖然有部分重疊、延續發展的部分，但在文化的基本精神上，還是存有明顯的差異。作為北山文化代表的金閣寺，其建築富麗堂皇、令人眩目的美感，或許可以作為北山文化的簡單註解。

室町時代的北山文化

公家文化　　　武家文化

京

以金閣寺為代表的「北山文化」

禪宗文化　　　大陸文化　　　新興融合文化

UNIT 4-21 東山文化

東山文化，繼北山文化之後，作為室町幕府後期文化的代表，時間以 15 世紀後半為主。東山之名，則是來自足利義政所建造的東山宅邸，也就是現在俗稱銀閣寺的慈照寺。

不同於北山文化的富麗堂皇，東山文化以其簡樸、素雅的印象為人熟知。之前曾經提過，應仁、文明之亂以後的日本，較接近我們現在所認識的日本。從這個角度來思考東山文化的意義，也是相當合適的。東山文化的時代背景，正是應仁、文明之亂以後。而東山文化的代表印象，也很符合我們對日本文化的認識。枯山水、水墨畫，類似書院造的空間配置，以及茶道、花道的基礎，都是東山文化的重要內涵。

首先，庭園中的枯山水是許多人到日本一定會注意到的景象。所謂枯山水，是指庭院中的一部分空間，完全不栽種植物，也不挖設水池、水道，只透過砂、石的配置，呈現出庭園的意象。枯山水常是充滿象徵性意義又饒富巧思的，透過白砂上的線條，水的流動感得以呈現。在這樣的庭園中，見不到色彩鮮豔的花卉，瀰漫的是一股寂靜、清幽的氣氛，正是東山文化意象的代表性呈現。

東山文化的意象，是否讓人聯想到所謂的「和風」呢？事實上，對於日本近代文化來說，東山文化在許多部分的確就是和風的起源。現代的「和室」，起源就可以上溯到東山時代的建築。在慈照寺中，有一間足利義政的書齋。這間書齋的配置成為後世書院造及草庵茶室的源流。

需要注意的是，東山文化與北山文化相互之間，絕對不是斷裂性的存在，兩者之間有許多共享的元素。例如，在北山文化中扮演重大影響力的唐物，在東山文化中並沒有銷聲匿跡，依然是相當重要且受到珍視的物品。而北山文化的知名畫家周文，也正是東山文化水墨畫代表人物雪舟的老師。從這幾個例子中，不難看出北山文化與東山文化的關聯性。

那麼，為什麼還有必要區分北山文化與東山文化呢？一部分學者，現在的確習慣以室町文化來統稱北山與東山文化，不特別區分兩者的差異。事實上，北山文化、東山文化兩個概念，若以嚴謹的學術角度看待，實在存在不少漏洞。但是，要說兩者之間不存在差別，又有許多的學者要提出反對意見了。我們不妨以金閣寺、銀閣寺各自作為代表性的風格，若以象徵性的文化印象來觀察、思考，應該是可以察覺兩者之間的不同的。

室町時代的東山文化

北山文化 ➡ 東山文化

從富麗堂皇的北山文化轉向簡樸素雅的東山文化

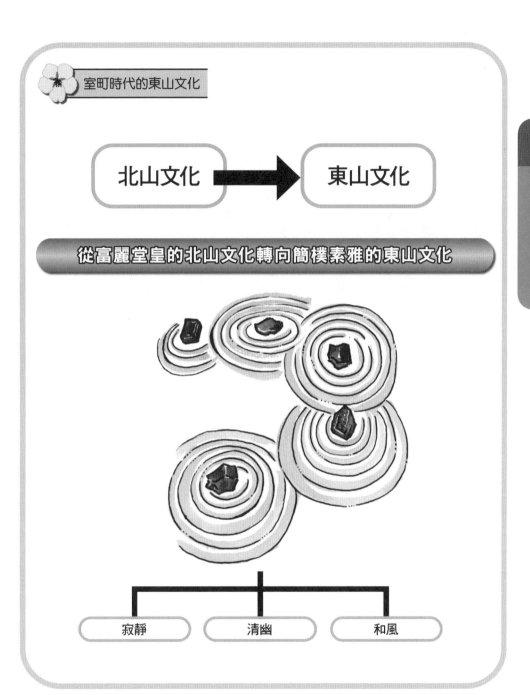

| 寂靜 | 清幽 | 和風 |

UNIT 4-22
土一揆

　「一揆」是指一群人為了實現共同的目標而結合，可以指稱這群人，也可以指稱他們的發動的行動。

　在一揆裡，所有的參加者都具有平等的地位，不論他們原本是否分屬不同階級、身分。基本上，一揆中的事務，是由全體成員討論後，透過多數決來決議的。很多時候，一揆會簽署聯名的起請文，並在神佛前起誓。

　土一揆的「土」，應該是指「土民」，也就是指百姓。若是如此，土一揆和江戶時代的百姓一揆，似乎沒有什麼差異，為何有必要特別加以區分呢？事實上，中世時期的百姓，範圍相當廣泛，除了從事商業的商人、手工業者之外，僧侶等宗教人士，還有部分武士都算是百姓的成員。換句話說，土一揆的來源可能相當多元，而不是單純的農民起義。

　其實，在鎌倉時代最早發動一揆的，就不是一般人民。當時，最常團結起來共同表達意見的，是興福寺、延曆寺等大寺院中的僧人。另外，也有武士們結成的一揆。武士們的一揆與軍事行動有高度關聯性，有時是一種軍事結盟，有時則是領主之間的協定。這些例子也說明了一揆的性質相當複雜，並不一定都是底層民眾反抗統治階級的行為。

　室町時代的土一揆，經常發生在交通要衝所在。從各國通往京都的路線有限，有些重要的交通要道可說是前往京都的必經之地。這些交通要道上的據點，往往聚集了不少運輸業者或是流民，甚至被稱作「牢人」的無主武士。這些不穩定的人群，往往就是土一揆中重要的組成分子。

　那麼，這些土一揆的訴求到底是什麼？大多數的情況下，他們還是為了生存而團結、奮鬥。許多土一揆的訴求都是頒布「德政令」，也就是廢除所有人的債務。從這個角度來看，當時或許有許多不同階層的民眾，都面臨生活上的困難，因此結合在一起，透過互助的力量，甚至是人多勢眾的壓力，試圖緩和生活上，特別是經濟上的負擔。

　當然，由生計都有困難的流民所組成的土一揆，有時也會以偏激的手段來達到目的。有時他們會搶奪糧食，有時他們會佔領重要的寺院，威脅若不頒布德政令就要放火燒掉寺院等等。土一揆的目的雖然不是造成社會上的混亂，但其結果卻不得不演變至此。

✚ 日本史小提醒
　「牢人」唸作「ろうにん」，與大家熟知的「浪人」同音。兩者的意義也相當接近。

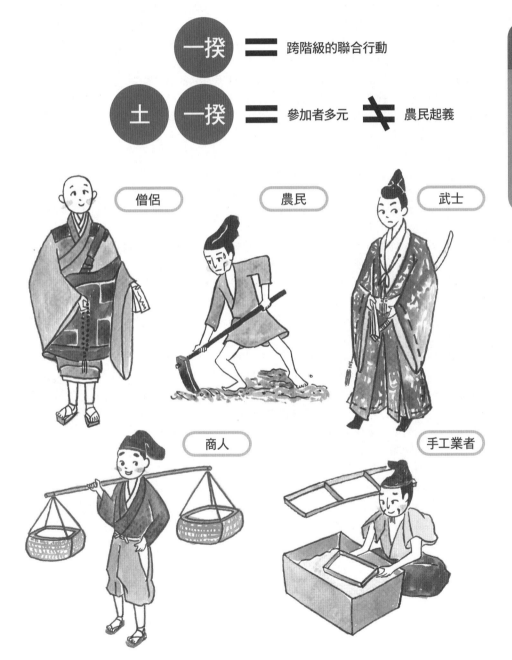

土一揆的參加者

一揆 = 跨階級的聯合行動

土 一揆 = 參加者多元 ≠ 農民起義

僧侶

農民

武士

商人

手工業者

UNIT *4-23*
戰國時代

　　日本戰國時代的歷史，是最多人熟知，也最多人感興趣的一段歷史。群雄割據、戰爭頻仍的時代，正是英雄們展露頭角的機會，戰國時代歷史中眾多的人物、軼事，以及激烈的戰役，都讓許多人對這段歷史心生嚮往。日本 NHK 電視臺的「大河劇」，也經常以這段時期的人物為主角，刻畫不同角度的歷史故事。

　　關於戰國時代確切的起點與終點，目前仍有許多不同的說法。有人認為應仁、文明之亂以後的日本，就進入了戰國時代，也有人認為要從明應政變開始。同樣地，對於戰國時代何時告終，也有不同的意見：織田信長流放足利義昭、豐臣秀吉統一天下、關原之戰、大坂夏之陣等等，都被指出可以作為戰國時代的結束。因此，戰國時代的區間長至一百五十年，短則七十年。

　　時間上雖然存在著不同的理解，戰國時代最重要的實質特色確實無疑的是：戰國大名割據各地，實質性的統治自己的領國。這個時期的中央政治權力明顯衰退，大名在地方上的實際政治權力則逐漸增強，成為相互間進行戰爭的經濟、軍事資本。同時，所謂的「下剋上」風潮也相當醒目。「下剋上」是指原本處在下位者，透過各種手段，顛覆了原本身分較高者的權力。這也是戰國時代爭鬥頻仍的一種社會氛圍。

　　以下將戰國時代分為兩個階段，分別介紹。首先，是自十五世紀末到十六世紀中葉的第一階段。這段時間內，伴隨著加賀一向一揆、北條氏控制伊豆，以及細川政元的政變，可以說是正式進入了戰國時代。各地的政治勢力相互抗爭，下剋上地奪取權力，主要都是以掌握地方上的政治權力為目標。逐漸地，大名的領國也在不斷的鬥爭中形成。同時，在大名之外，各地的其他勢力，如豪族、宗教勢力等，也在混亂的局勢中貯備自己的軍事力量，形成了各自的地方政治權力團體。

　　第二階段，則是十六世紀中葉到十六世紀末。這個時期的特徵就是大名之間的激烈的爭鬥之後，逐漸定下各自掌控的勢力範圍。為了鞏固自己的權力，大名之間也透過各種結盟、對立的政治關係，試圖在最有利的狀況下拓展自己的權勢。當時，關東地區以武田、上杉、後北條的對立為主，而後北條逐漸奠定霸權。畿內則是以織田信長與德川家康的同盟，對抗淺井、朝倉、三好、松永氏，最終由織田信長取得勝利。中國地區與九州地區，也有毛利氏、島津氏、大友氏等勢力盤據。最後，由繼承織田氏政治遺產的豐臣秀吉統一了天下。

　　權力的爭奪，可以說是戰國時代最核心的價值。在權力極度分散的狀況下，經過激烈的征戰，權力終究還是終歸統一。不過，在這段期間，社會、文化隨之而來的變化，即便在政治統一之後，仍有相當的影響。

戰國時代的二個階段

戰國時代
- 時代區段有異議
- 約 70～150 年

第一階段
- 15 世紀末～16 世紀中葉
- 戰國時代的開始
- 地方政治權力的出現
- 下剋上的時代風潮

第二階段
- 16 世紀中葉～16 世紀末
- 大名激烈競爭
- 相互結盟、對立
- 織田信長、豐臣秀吉出線

織田信長

豐臣秀吉

UNIT **4-24**
茶道

圖解日本史

　　說到日本傳統文化，許多人第一個想到的就是茶道。穿著正式的和服，按照禮儀所規範地優雅品嘗抹茶，是很多人對日本女性的印象。不過，茶道的發展其實相當晚近，在桃山時代到江戶時代初期左右才開始大大流行於日本。甚至，日本喝茶的歷史都不算太長。

　　茶出現在日本的歷史當中，雖然有可能是在奈良時代，但是缺乏文字記錄或考古發現的佐證。目前，可以看到最早的文字資料，是 815 年嵯峨天皇在梵釋寺喝到僧人所獻的茶，大加讚賞。這時候的茶文化，大概是模仿唐代而來的，流行在僧侶與貴族之間。但隨著日本國內不再以學習中國文化為風尚，喝茶的習慣也逐漸消失。

　　喝茶的風氣再次於日本興起，依然與僧人相關。南宋的禪寺當中，相當流行喝茶，到中國學禪的僧人榮西（1141 ～ 1215），將喝茶的習慣帶回日本。為了說明並推廣茶的功效，回到日本的榮西撰寫了《喫茶養生記》一書，這也是日本第一本談論茶的專書。同時，還將茶獻給將軍，據說治好了將軍的疾病。一時之間，喝茶的風尚傳遍公家、武家，當然還有寺院。到了 15 世紀後半，村田珠光開創了在茶室中品茶的作法，現今日本茶道的原型才終於出現。這種品茶作法，其實與禪的精神有很深的聯繫，茶禪融合是當中一項重要的元素。

　　日本茶道文化中最重要的人物千利休，將村田珠光所帶起的侘茶風潮集大成，也定義了現在我們所認識的茶道。侘茶，重視的是簡單、樸素的精神，反對使用豪華的茶具。過去，日本的陶瓷器常被批評不如中國製品精緻，在千利休的茶道下，日本製品的樸拙美感反而得以顯現。這也是我們現在所認識的茶道的樣貌。

　　千利休受到織田信長的喜愛，被聘為茶頭。在織田信長死後，也受到豐臣秀吉的重用。在這段期間，連日本最有權勢的人都為千利休的茶道所風靡。不過，千利休最後受到豐臣秀吉的猜忌，不得善終。

　　千利休死後，他所提倡的茶道並沒有消失，得到了持續的發展。到了江戶時代，學習茶道的人日益增加，開始出現大量不同的門派。此後，茶道的流派越來越重視傳承，直到今日仍是如此。

> **✚ 日本史小提醒**
> 　　日本早期茶文化的發展，與寺院的關係實在密不可分。除了榮西帶回南宋禪院中的飲茶文化，目前所認識的日本最古老的茶園，也位於寺院之內。京都市郊的高山寺，除了有日本最早的漫畫「鳥獸人物戲畫」之外，還有日本最古老的茶園。

✿ 茶道入門作法

✳ 和菓子

① 點心要在喝茶前吃完

② 每種點心只取一個

③ 羊羹等要用竹叉切塊

④ 豆沙包等用手撥成兩半

✳ 茶　道

① 將茶碗置於左手，右手扶握

② 向左轉兩次再飲用

③ 飲用後輕拭茶碗就口處

④ 茶碗正面朝向主人放置

UNIT 4-25
花道

在茶道之外，另外一項為人熟知的日本傳統藝術就是花道，在日本通常稱作生花（い けばな）。花道也和茶道一樣，是在中世時期發展出的藝術形式。

花道與宗教存在很深的聯繫。自古以來，花就作為日本獻給神祇的禮物。在佛教傳 進日本以後，依據佛經的內容，鮮花更是供佛的重要物品，各種佛教儀式上，都可以 看到鮮花的存在。漸漸地，鮮花在宗教的功能之外，更被期待具有美的意識。

室町幕府三代將軍足利義滿時期，在七夕舉行盛大的花會，公家、武家、僧人齊聚 一堂吟詠詩歌。像這樣的場合中，花卉的美感經常成為與會者談話的焦點。於是，對 於插花的方式、承裝花卉的容器、展示的形式等等，開始了以具有美感的花卉為核心 的藝術形式。

一開始，花道的呈現經常使用富麗堂皇的唐物，之後則開始使用一些較為日常的器 具。這當中反映出的，不只是幕府的財政狀況，還有不同時期在文化上的偏好。特別 是在安土、桃山時代，配合裝飾、使用場景的不同，偏好的形式也大不相同。例如， 若是裝飾城內重要建築的內部，通常會選用極盡豪華之能事的「立花」，這有點像是 我們在高級飯店大廳會見到的花飾。若是用在茶會之上，就可能是較為簡素而富有文 化底蘊的茶花。

花道真正達到鼎盛的發展期，應該是在江戶時代初期。當時，出現了花道界的天才 池坊專好，在他手中，立花的樣式被固定下來。他的弟子也相當受到歡迎，甚至，花 道知識還作為書籍大量出版，對於花道的普及與發展都很有幫助。在這樣的背景下， 如同茶道一般，花道也出現了各種流派，時至今日都還不斷地傳承。

有趣的是，花道流行之後，也出現了格套化的發展。例如，以三角形作為基本花型， 並冠上「天、地、人」、「體、用、留」等不同詮釋。這樣定型化的基礎，雖然對於 流派的發展或是促進一般人對花道的理解頗有幫助，但也在無形之間限制了花道在藝 術上的進展。

後來，開始有人期待花道上能夠產生藝術上的突破，期待花道能夠承載更多的美感， 而不只停留在前人制定的規範上。自由、充滿藝術理念的新式花道，受到了越來越多 的矚目。但這是相當晚近的發展，基本上是在明治時代以後才漸漸出現。某種程度上， 也可以歸類於反傳統的現代化潮流之一。

室町時代的花道，基本上還處於萌芽、發展時期。這個時候的花道，正在隨著社會、 文化的改變而產生新的樣貌，充滿了生機。花道的格套化，要到江戶時代以後才會出 現。

花道中的平衡

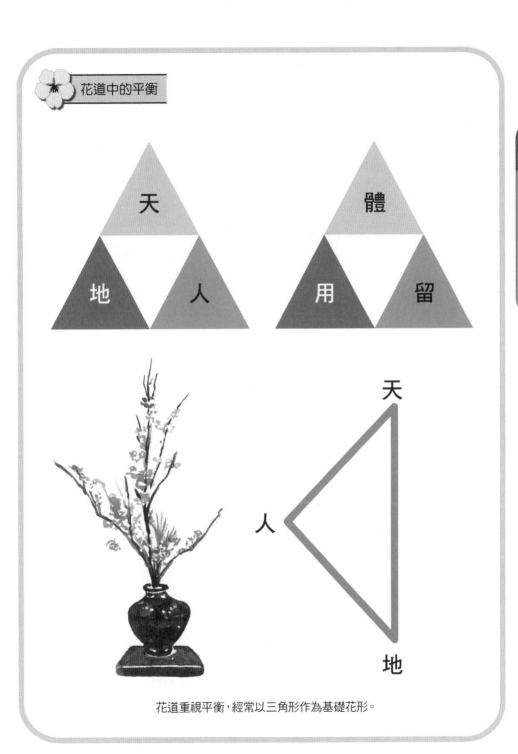

花道重視平衡，經常以三角形作為基礎花形。

UNIT 4-26
日本佛教的發展

　　日本的佛教在中世時期產生了明顯的在地化，許多日本獨有的教派，都是在這個時期開始出現。其中，又以淨土真宗與日蓮宗最為重要，且信徒眾多，在目前的日本社會中仍具有很大的影響力。

　　淨土真宗的開山祖師是親鸞（1173-1262），親鸞生活的時代，正是由古代走向中世，政治、社會都相當動盪不安的平安時代後期至鎌倉時代早期。年輕的時候，親鸞跟隨天台宗的僧人學習佛法，也曾經在日本天台宗最重要的根據地比叡山修行。不過，這段修行只讓親鸞感到不是每個人都能夠依靠自己獨立修行而得到解脫。之後，他又接觸了天台宗以外的其他佛教團體，體會到了藉由「念佛」等不同方式尋求他力解脫的佛教理論。尊奉親鸞為宗祖的淨土真宗，正是講究「他力」的重要性。基本上，淨土真宗認為人是無法自力解脫的，尋求阿彌陀佛的他力，往生淨土才是唯一的途徑。

　　同時，親鸞認為當時的日本已是徹底的末法時期，講求佛教戒律根本是不可能的。因此，以親鸞為首的淨土真宗和一般佛教教團最大的差異就在於「肉食妻帶」。也就是飲食上不排斥肉食，生活上不嚴格實行佛教基本戒律中的女戒，僧人也可以娶妻生子。

　　以日蓮（1222-1282）為開山祖師的日蓮宗，相當強調法華經的重要性，認為法華經是佛陀所說的最重要的經典，只要念誦「南無妙法蓮華經」七個字，便象徵著皈依法華經。日蓮宗和淨土真宗類似，同樣因為認為末法時代已來臨，而否定戒律的意義。換句話說，日蓮宗的僧侶也如同淨土真宗一般，是可以接受肉食妻帶的狀況的。

　　除了淨土真宗、日蓮宗等日本新興的本土教派之外，鎌倉時期的新興佛教勢力當中，依然存在從中國傳入的教派。臨濟宗、曹洞宗就是當中相當重要的例子。

　　曾留學中國的榮西（1141-1215），在回到日本之後，逐步建立了日本臨濟宗。一開始，他在博多興建了日本最早的禪寺，之後又陸續在京都、鎌倉建立了雄偉的建仁寺與建長寺。榮西不但重視坐禪，也將當時流行於中國的禪宗公案帶回日本。曹洞宗在日本的發展，則是由曾前往中國求法的道元（1200-1253）領導。道元在中國期間，得到當時中國的禪宗大師天童如淨的印可，道元的中國經驗成為他在日本傳法的基礎。其中，「只管打坐」可以說是相當核心的理念，也表現出曹洞宗對於禪修的注重。

　　過去，這些鎌倉時期的新興佛教教派被稱作「鎌倉新佛教」，認為鎌倉時期開始的日本佛教已出現與中國不同的發展。事實上，這些佛教思潮雖然流行於鎌倉時期，當時主流的佛教仍是天台宗、真言宗，以及過去的南都六宗。換句話說，佛教的經典教義以及戒律依舊相當受到大多數佛教團體重視。以親鸞、日蓮為代表的「新佛教」，在鎌倉時代更像是佛教思潮中的「異端」，並不能代表日本佛教的全貌。淨土真宗、日蓮宗成為日本佛教的重要宗派，還需要一段長時間的持續發展。

淨土真宗

親鸞　念佛
絕對他力　肉食妻帶

日蓮宗

日蓮　法華經
念誦經名　否定戒律

臨濟宗

榮西　留學中國
禪宗公案

曹洞宗

道元　留學中國
只管打坐

UNIT *4-27*
大航海時代的日本

　　十五世紀到十七世紀之間，是歐洲國家的大航海時代。此一時期的日本，也參與了國際貿易，並不是對海外一無所知的。

　　十六世紀初期，博多商人神屋壽禎在航行中發現了礦山，便與在出雲經營採礦業的商人合作，開發了石見銀山這座現在已成為世界遺產的銀礦。當時，礦業是日本新興的重要產業。石見銀山的發現，再加上採礦技術的進步，日本得以生產大量的銀。許多地方也開始開採銀礦，一時之間，日本成為了國際貿易商人的新據點。

　　銀的開採之所以大大影響日本在國際貿易上的地位，最重要的背景就是當時銀是廣泛地流通於全世界的貨幣。日本既然出產大量的銀礦，自然會吸引這些國際商人來交易。再加上，原本銀在日本國內並不作為銀幣流通，很快地就向國外輸出。

　　日本的出口品以銀為主，那麼，又進口哪些東西進入日本呢？在戰國時代，最受重視的進口貨品應該就是火藥了。在戰爭激烈的時期，擁有先進的武器應該是獲勝的重要關鍵。葡萄牙人引進的大砲，很快地在戰爭中普及，也改變了當時戰爭的形態。當戰爭越來越依賴這些外來的新武器，火藥扮演的角色就更加吃重。由於日本並不生產製作火藥的原料，因此，除了槍砲這些武器之外，能夠讓槍砲發揮功能的火藥也必須仰賴進口。

　　有趣的是，戰爭雖然以戰國大名等武士為主體，這些統治階級的武士卻沒有國際貿易的直接管道。為了取得武器與火藥，大名們必須和商人合作，才能順利地一步步完成複雜的國際貿易。有時候，甚至連「海賊」都是重要的商業夥伴。海賊雖然聽起來和海盜沒有太大差別，不過，燒殺搶掠並不是他們的主業。在歷史上，海洋上的貿易通常正是以所謂的「海賊」為重要的中介者。這些海賊遊走在不同政治勢力之間，又常攜帶著貴重的貿易品，自然而然會武裝自己。久而久之，這些在海上活動，又具有武裝軍事力量的船隊，就以海賊的身分活躍在海洋之上了。在中國歷史上，這群海賊就是讀者們熟知的倭寇。

　　當然，貿易通常都是雙向的。日本除了出口銀礦之外，也有其他商品輸出。根據考古的發現，在瀨戶內海周邊，有許多瓷器出土。由於這些瓷器的數量實在太驚人，研判應該是作為貿易商品，打算要出口到國外海港的，不幸因為船隻失事而沈沒在水中。不過，也多虧了這些沈船留下的歷史痕跡，現在我們還有機會一瞥當時國際貿易的部分面貌。

貿易上的進口與出口貨物

海賊、倭寇

火藥

槍砲

商人

國際貿易

銀

瓷器

UNIT 4-28
安土、桃山時代：織豐政權

　　如同字面所示，織豐政權指的就是織田信長及豐臣秀吉所領導的政權。在日本歷史上，這段時期被視為由中世走向近世的過渡期。有些教科書更將織豐政權時期定義為「前近代」，強調織豐政權對日本近代社會的影響。這段時間，又稱作安土、桃山時代，這是因為織田信長的根據地是安土城，而豐臣秀吉的根據地則是伏見城（江戶時代稱桃山）。

　　織田信長的政權，始自永祿 11 年（1568）擁立足利義昭進入京都，也有人認為應該是始於天正元年（1573）織田信長放逐足利義昭，建立了自己的政權。而豐臣秀吉政權的結束，可以定在豐臣秀吉的死亡，也可以設定在關原之戰，或是德川家康繼任征夷大將軍。雖然明確的時間點還存在不同詮釋，但對於織豐政權實質內容的影響並不大。

　　織豐政權在政治上最大的特色，就是消弭了古代以來的宗教權威，破壞了中世莊園的地方支配結構。換句話說，織豐政權存在一種強烈的中央集權式的政治目標，織田信長所提出的「天下」正是最好的註腳。不過，織田信長的政治，相當大的部分仍然是依靠他的家臣，與戰國大名式的統治方式沒有絕對性的差異。而織田信長的天下布武還未完成，便在本能寺迎來生命的結束。

　　到了豐臣秀吉時代，雖然透過太閤檢地重整了土地，也切斷了過去莊園制度的傳統，但中央政府的結構還是不夠穩固。一方面，雖然透過「奉行」等中央行政機構進行直接的統治，卻還是受到各地地方既有勢力的反抗。如何在大名所掌控的「國」之上，建立一個公共的「國家」，這是織豐時代急於解決的政治難題。

　　除了政治方面，安土、桃山時代在文化上也有可觀之處。特別是桃山文化，被視為新興武士與商人階級的文化。和過去與宗教緊密相連的文化不同，桃山文化具有明顯的現世性，奢華的傾向相當引人注目。狩野派畫師所繪的屏風，在當時受到了政治界的喜好。除了雄偉、壯觀的構圖，以及華麗、鮮豔的用色之外，整片的金箔更是讓人感受到金碧輝煌的美感。

　　另外，瓷器的發展也是此時期文化上的重要特徵。除了日本內部的發展之外，來自朝鮮半島的工匠，也將朝鮮半島陶藝的技術傳進日本，進一步刺激了日本瓷器的不同發展。這些工匠，很多是在對朝鮮戰爭之時，被強行俘虜到日本的。

　　總之，安土、桃山時代的政治、文化，都與中世時期主宰性的力量產生明顯的隔閡。對於實際人世生活的看重，也是之後日本邁向近代社會時相當重要的價值之一。

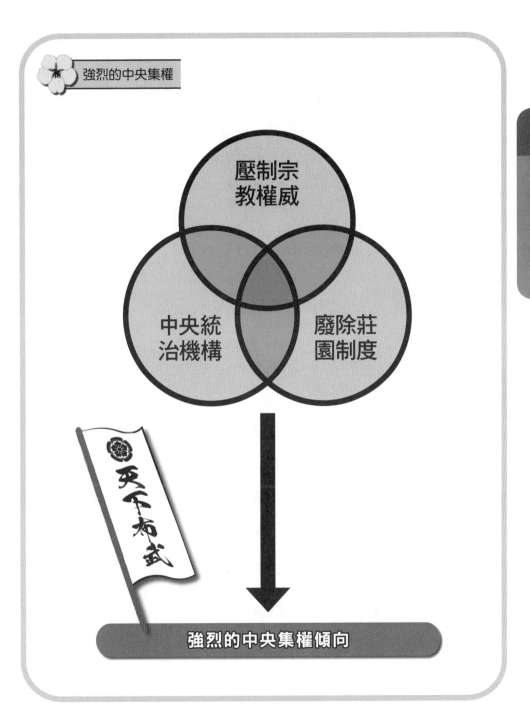

UNIT 4-29
織田信長的商業政策

談到織田信長的商業政策，不能不提的就是他頒布的「樂市樂座令」。「市」、「座」在之前都以介紹過，分別是進行交易的場所及擁有商業營業權的團體。「樂市樂座令」的意思，就是要廢除過去給予「座」的特權，讓所有人都可以自由地進行商業、手工業。

過去，樂市樂座令一直被視為是織田信長跨世代的創舉，認為織田信長能夠超越同時代人們的思維，提出更具有現代性的政策與規劃。不過，現代的學術研究，在某種程度上已經推翻了這樣的說法。首先，最重要的就是「樂市樂座令」並不是織田信長的發明。

早在天文 18 年（1549），就已經有史料提到「樂市」。當時的樂市，是由近江的大名六角氏提出的。今川氏也曾經在駿河國頒布樂市令。而織田信長第一次頒下樂市令，是在永祿 10 年（1567）。樂市令很明顯地並不是織田信長的創舉。不過，織田信長還是有一定的影響力，其他大名的樂市令，由於實行的時間、地域受到限制，未必能夠發揮其應有的功能。相較之下，由於織田信長在政治上的成功，他的經濟政策可能也有較大的效益。

當時的樂市樂座令，經常是以木牌直接公布在特定場所的。隨著織田信長政治領域的擴張，這些木牌就直接立在新統治區內，昭示的意義相當明確。這可能也是織田信長與樂市樂座令的關係特別讓人感到印象深刻的原因之一。

值得注意的是，樂市樂座令與全面開放的自由經濟仍然存在差異。雖然許多商人取得了貿易的機會而能夠得到利益，織田信長也沒有打算要徹底廢止所有的座。某種程度上來說，樂市樂座令更像是織田信長的商業管理政策。不願意配合織田信長政策的座的特權被廢止，他們的經濟利益也就受到剝奪。同樣地，所謂的樂市也不是全面地開放，而是要在織田信長的控制之下。

換個角度來看，過去的商業政策，滿足的是部分人的利益。到了織田信長掌權的時代，滿足織田信長及其統治集團的利益變成首要條件。因此，與織田信長衝突的市、座，透過看來自由的開放政策，其實受到了壓制。

同時，實行樂市樂座令的地方，成為商業中心，商業活動遠較其他地區發達。未實施樂市樂座令的地區，則失去了商業上的競爭力，也就不容易發展成繁華熱鬧的商業中心。藉由樂市樂座令，織田信長還可以間接地控制統治範圍內商業地域的分布。

從各種角度來看，即便樂市樂座令不是織田信長的發明，織田信長依舊充分活用了這項規範，將樂市樂座令的影響擴及社會、經濟各層面。

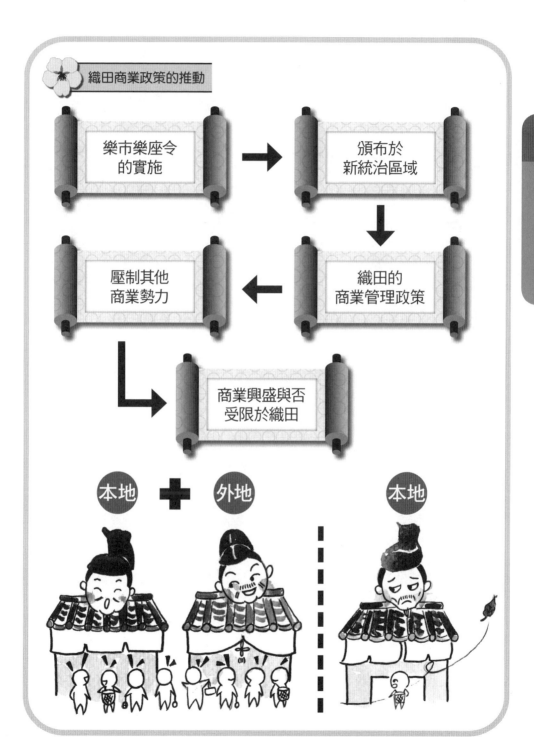

織田商業政策的推動

樂市樂座令的實施 → 頒布於新統治區域

壓制其他商業勢力 ← 織田的商業管理政策

商業興盛與否受限於織田

本地 ＋ 外地

本地

UNIT **4-30**
太閤檢地

圖解日本史

太閤檢地是豐臣秀吉實施的全國性土地政策，目的在於掌握全國的土地狀況。與過去的土地政策不同的是，太閤檢地是由政府方面派員實際前往調查土地的利用與所有權，而不是由土地所有者自發性的提交書目資料。

在織田信長時代，當天下已幾乎實質性地掌握在織田家手中，織田信長便開始實施所謂的「指出檢地」。指出檢地是由掌握土地的武士家臣，自己申報名下所有的土地面積及連帶的收入。由土地擁有者來申報土地面積，除了可能有隱匿土地、收入的可能性之外，也有標準不一的情形。因此，雖然免去了實際調查的繁雜手續，指出檢地的成效可能並不如預期。

到了豐臣秀吉作為太閤掌控天下的時代，為了進一步地掌握全日本的土地，便開始了更有系統的「太閤檢地」。負責丈量土地的官吏，就是「檢地役人」。從現代的角度來看，太閤檢地是有一定的行政效率的，這與豐臣秀吉的基層經驗或許有關。利用一定尺寸的量具，也就是以六尺三寸作為一「間」的「檢地竿」作為基礎，分別以「步」、「段」、「町」作為單位，進行土地的實際丈量。在單位的計算上，有時也與律令制度中規範的有所不同。例如，過去以 360 步作為一段，太閤檢地的計算方式則是以 300 步作為一段。

除了土地面積的計算之外，太閤檢地時也訂定了土地生產力的單位。丈量土地的同時，檢地役人將田地分為上、中、下、下下四個等級。每個等級各有對應的生產量，單位則是石盛。同時，也制定了「京 」作為計量的單位。

檢地的記錄上，詳細記載了每一筆田地的耕作者，一方面保障了耕種者的權利，一方面也規範了繳納年貢的義務。年貢的比例佔全村的總生產量的三分之二。如果一個村莊年產 300 石，其中 200 石就是要上繳的年貢。

同時，太閤檢地之所以能夠徹底破壞實施了幾百年之久的莊園制度，最重要的原因在於太閤檢地在規範上就避免了莊園式的複雜人地關係。「一地一作人」是太閤檢地的基本精神。每一筆土地，都只能有一名相對應的所有權人。換句話說，這與近代以來的土地登記方式較為相近，不會出現多人共同耕種，共享其權利、義務的狀況。

隨著土地與人的關係被明文規定，人民流動的機會也大幅降低。再加上，後來也限制擁有土地的農民不得拋棄土地轉職為商人或手工業者。政府對人民的實際掌控越來越徹底，農、商、工之間的分業也愈加明確，最終演變為日本近世社會的樣貌。

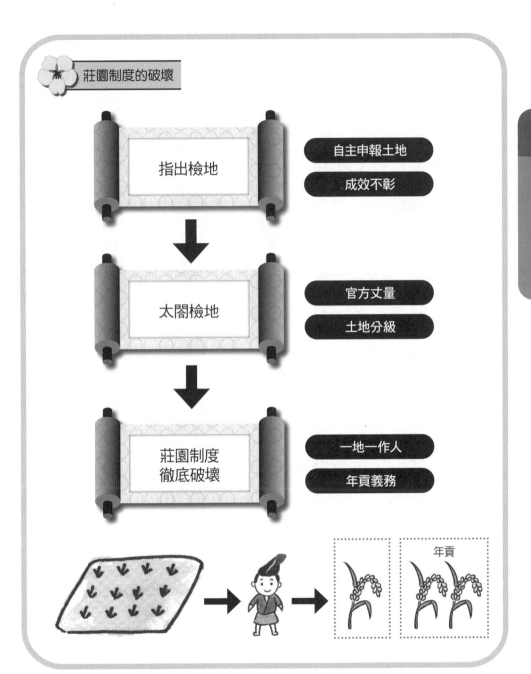

莊園制度的破壞

指出檢地
- 自主申報土地
- 成效不彰

↓

太閤檢地
- 官方丈量
- 土地分級

↓

莊園制度
徹底破壞
- 一地一作人
- 年貢義務

年貢

UNIT **4-31**
朝鮮出兵：文祿、慶長之役

圖解日本史

　　文祿元年（1592）至慶長三年（1598），豐臣秀吉發動了對朝鮮王朝的戰爭，這場對外戰爭又被稱作「朝鮮出兵」。事實上，朝鮮王朝並不是豐臣秀吉的最終目標，他真正要挑戰的是當時東亞世界的領導者：明朝。

　　豐臣秀吉一開始要求朝鮮國王作為征明的嚮導，也就是要借道朝鮮半島，從中國的東北方向進攻。但是，當時的朝鮮王朝作為明朝屬國，無法接受這種提議。於是豐臣秀吉就直接出兵朝鮮半島，希望在擊潰朝鮮王國之後，乘勝入侵中國。不過，這場戰爭終究沒有突破朝鮮半島的守勢，豐臣秀吉入侵明朝的計畫未能實現。在韓國方面，一般將這場戰爭稱作壬辰倭亂、丁酉再亂。

　　第一次的朝鮮侵略，即是所謂的文祿之役或壬辰倭亂。豐臣秀吉派遣十六萬大軍航向朝鮮，由宗義智與小西行長率領的軍隊登陸釜山，並向朝鮮國王發出最後通牒。但是，朝鮮王朝上下都不願向日本妥協，戰事因此展開。在宗義智與小西行長的第一軍之後，加藤清正、鍋島直茂的第二軍、黑田長政的第三軍也陸續加入戰爭，戰事擴及朝鮮半島各地。後來，再由石田三成作為朝鮮奉行，前往指揮戰事。當時，朝鮮半島各地的兩班（文、武貴族）率領義兵反抗，李舜臣領軍的朝鮮水軍截斷了日本水軍的補給路線，再加上明朝也派遣了援軍。平壤之戰以後，戰局陷入膠著狀態。

　　之後，明、日雙方一度達成和談。站在朝鮮王國的立場，這是明、日兩國完全無視朝鮮自主權的行動。事實上，這場和談也是一場各說各話的誤會。明朝官方並沒有派遣正式的和談使者，所謂的「皇帝使節」，其實是明朝軍隊麾下的人物。總之，最後日方誤以為明朝皇帝願意低頭稱降，明朝方面也以為日方願意接受冊封。直到明朝冊封使抵達大坂城，這齣謊言才被拆穿。這也造成了接下來戰事的發生。

　　第二次的朝鮮侵略，就是慶長之役或丁酉再亂。豐臣秀吉派遣十四萬大軍攻打朝鮮南部。這次的戰爭比之前更加殘酷，對朝鮮半島南部造成的破壞相當嚴重。最後，戰爭隨著豐臣秀吉的死亡而中斷，繼承豐臣秀吉的五大老要求撤兵，戰事才到此告一段落。

　　在戰爭當中，日軍殘酷的行為讓人留下的深刻的印象。特別是當時大名們的軍功是以「鼻子」作為證明。為了證明自己的戰功，日本軍隊在戰場上割下了敵軍的鼻子，甚至用鹽醃漬後運送回日本，向豐臣秀吉證明自己的功勞。侵略雖然暫時結束，但戰爭的慘烈卻一直留在朝鮮人民心中。

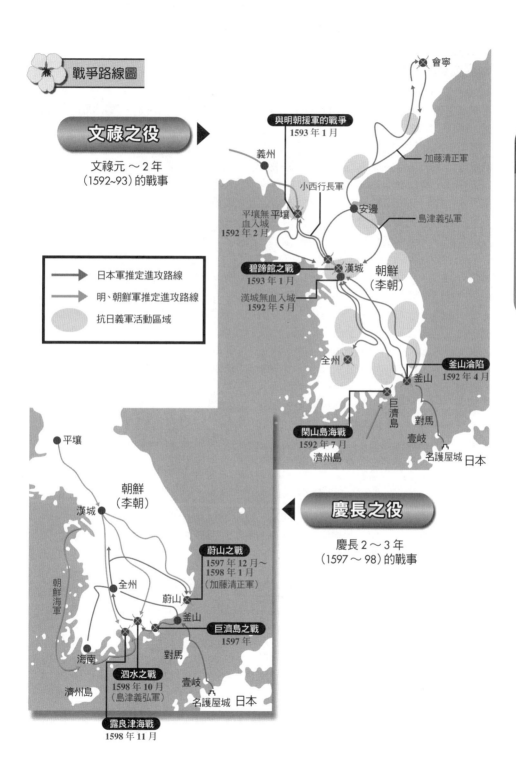

戰爭路線圖

文祿之役

文祿元～2年
(1592~93) 的戰事

與明朝援軍的戰爭
1593 年 1 月

義州

小西行長軍

加藤清正軍

安邊

島津義弘軍

平壤無平壤
血入城
1592 年 2 月

漢城

朝鮮
(李朝)

碧蹄館之戰
1593 年 1 月

漢城無血入城
1592 年 5 月

日本軍推定進攻路線

明、朝鮮軍推定進攻路線

抗日義軍活動區域

全州

釜山淪陷
1592 年 4 月

釜山

巨濟島

閑山島海戰
1592 年 7 月

對馬

壹岐

濟州島

名護屋城 日本

會寧

慶長之役

慶長 2～3 年
(1597～98) 的戰事

平壤

朝鮮
(李朝)

漢城

蔚山之戰
1597 年 12 月～
1598 年 1 月
(加藤清正軍)

朝鮮海軍

全州

蔚山

釜山

巨濟島之戰
1597 年

對馬

海南

壹岐

泗水之戰
1598 年 10 月
(島津義弘軍)

濟州島

名護屋城 日本

露良津海戰
1598 年 11 月

UNIT **4-32**
關原之戰

　　關原之戰是戰國時代末期最重要的一場戰爭，這場戰爭不但決定了豐臣氏衰亡的命運，更奠定了德川幕府建立的基礎。

　　豐臣秀吉死後，繼承政治權力的是年幼的豐臣秀賴。當然，豐臣秀吉並不是沒有考慮到自己尚未有勢力穩固的繼承人。在豐臣秀吉死前，他要求「五大老」和「五奉行」立下誓言，並以實際的書狀證明自己將會忠於豐臣家的繼承人。事實上，五大老和五奉行的存在，就可以視為豐臣秀吉事先為自己死後政權穩定性所立下的保障。

　　五大老包括了德川家康、前田利家、宇喜多秀家、上杉景勝、毛利輝元等人；五奉行則有前田玄以、淺野長政、增田長盛、石田三成、長束正家等人。不過，五大老和五奉行之間，畢竟都是同樣具有能力及權力的大名，彼此之間多少有些嫌隙。漸漸地，這些有力大名之間的不和、猜忌浮上檯面，德川家康就利用這些掌權者的紛爭，悄悄地替自己培養實力。

　　德川家康的行為，並不是沒有被人看在眼裡。五大老之一的前田利家就對德川家康提出嚴厲的指責。雖然前田利家與德川家康的衝突沒有實際演變為戰爭，但雙方的支持勢力卻在這次爭執中突顯出來。不久之後，前田利家死去，而五大老當中的文治派與武斷派的爭執也越見激烈。其中，文治派的領導人物為石田三成，武斷派則與德川家康親近。

　　最終，雙方的不和還是以戰爭的形式爆發。在關原之戰中，分為德川家康領頭的東軍，以及由石田三成領導的，與之對抗的西軍。歷經了伏見包圍戰、岐阜攻城戰之後，最後的決戰在關原發生。這也是關原之戰得名的主要原因。之所以選定關原為決戰地點，是因為西軍決定在此布陣，迎戰東軍。關原自古以來就是有名的關卡，並不是容易攻打的地方。

　　事實上，正如西軍的預料，關原之戰一開始一直是由西軍佔有優勢，看不出東軍有任何的勝算。但是，西軍沒有預料到的是，自己的盟友當中竟然有人準備背叛，導向東軍。要不是小早川秀秋的叛變，東軍恐怕無法在關原之戰中勝出。甚至，雖然小早川秀秋在關原之戰前期的猶疑，招致了西軍內部的懷疑而有所提防，他們也沒料想到還有赤座直保等人的背叛。

　　最終，戰敗的西軍四處逃散，東軍則乘勝追擊攻打西軍掌握的據點。西軍的將領都被減封甚至除封，無法再掌握過去的政治、經濟實力。德川家康從此再也沒有足以匹敵的對手，順利建立了德川幕府。

東軍與西軍的對峙

西軍 *v.s.* 東軍

宇喜多秀家　上杉景勝　毛利輝元

德川家康

石田三成
長束正家
增田長盛
前田玄以

淺野長政

小西行長
佐竹義宣
真田昌幸
島津義弘等人

池田輝政
加藤清正
黑田長政
伊達政宗等人

119

120

第5章
近世：江戶時代

由德川家康建立的江戶幕府是本章的主軸，政治中心移往江戶（現在的東京）之後，政治、社會上產生的諸多變化，本章將會一一介紹。另外，江戶時期與外國文化的接觸也是本章的重點之一，在所謂的鎖國政策之外，日本仍有與外國來往的一面，值得讀者留意。

UNIT **5-1**
東照大權現

　　中世的本地垂跡說將日本定義為大日如來的本國，天照大神及日本各地的神祇都是大日如來的化身。因此，日本以作為佛國而存在著。本地垂跡說的流行也使得神佛一體的想法逐漸普遍，日本作為「神國」，取得與佛教根源地印度對等的地位。

　　到了近世，德川政權依然保持著類似的神國、佛國觀念。不過，由於近世以後的幕府權力高漲，與中世時期權門並立的政治、社會環境不同，王權與宗教之間的互動關係也出現了不同於中世的發展。特別是，對於德川政權而言，若要自己的政權同時擁有佛國、神國的正當性，在統治合理性上首先就會面臨天皇家依然存在的政治現實。德川政權因此創造了「東照大權現」的概念來克服天照大神的存在。

　　德川家康死後，以東照大權現之名，在東照宮受到祭祀。位於關東的東照宮與東照大權現的組合，與日本西側的伊勢神宮、天照大神的組合作為對比，象徵的是德川政權在東方的合理性來源。藉此，德川政權得以取得在神國日本的統治正當性。有趣的是，創設東照宮的不是神道人士，而是天台宗的僧人天海。天台宗自平安時代起就特別強調護法善神在佛教世界中的功能，這與天海的理論來源可能是相關的。

　　東照大權現的理論依據可以從《東照社緣起》中略見端倪。德川家康作為佛菩薩的轉世，經過種種苦難才成功統一日本，死後將再度回到佛菩薩所屬的世界。而在這份文獻中，九世紀的桓武天皇與天台宗開祖最澄則是誓言以佛教護國的二聖。桓武天皇與最澄沒有上下位階的不同，而是地位對等的關係。不過，天照大神在這個論述中，曾向最澄學習如何以佛教治國利民。換句話說，天照大神以及作為天照大神子孫的天皇，都是因為佛教的力量才能獲得統治的合法性，也都應該表現出對佛教的崇敬。相較於天照大神，東照大權現與山王權現為一致的存在，屬於佛教本質性的一種表現。因此，天照大神必須仰賴佛教的力量，而東照大權現則本來就是佛教本質的一部分，地位更加優越。

　　值得注意的是，不只天台宗系統的佛教出現了強調德川政權正統性的論述。淨土宗方面，也建構了另一套的德川神話宣揚德川家康的神聖性與淨土宗扮演的角色。對於淨土宗而言，松平家歷代都是淨土宗信徒，德川家康作為虔誠的淨土宗信徒，藉著阿彌陀佛的力量才順利統一天下，因此，德川家康與阿彌陀佛也是一體的。

　　德川政權援引佛教理論強化統治正當性的同時，也對日本國內的各種佛教勢力加以管控。經歷了一向一揆、火燒比叡山、關原之戰等事件的衝擊，佛教教團已經不再具有過去的獨立性。特別是，經過豐臣秀吉重新整編佛教後，具有中世性質的佛教教團可以說已經徹底消失。早在元和元年，德川政權就透過天台宗法度、真言宗法度、五山十剎諸山之諸法度等等規範的頒布，試圖以政治權力凌駕宗教事務。從這些法度的內容看來，德川政權不只藉機削弱了宗派的勢力，更藉著制度化的規範干涉佛教宗派內部事務。

天皇與江戶幕府的權力來源

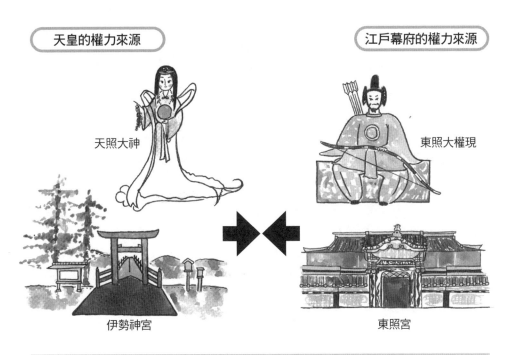

天皇的權力來源

天照大神

伊勢神宮

江戶幕府的權力來源

東照大權現

東照宮

佛教

天照大神

天皇

幕府將軍

東照大權現

佛教

UNIT 5-2
幕藩體制

幕藩體制是由江戶幕府與地方諸藩結合而成的政治、社會結構的總稱。基本上，可以說是日本社會的基本架構。江戶幕府作為中央政府，透過大名管理地方上的諸藩，進行表面上地方分權，實質上是中央集權的政治統治形態。

在江戶幕府中的大名，並不是地位平等的。首先，所有領有超過一萬石的武家，都可以算是大名。大名的總數相當多，約有 260 家左右。其中，又分為親藩大名、譜代大名、外樣大名三大類。

親藩大名，是德川家分支的大名，原本就有親屬關係。被稱作御三家的尾張德川家、紀伊德川家、水戶德川家，就是親藩大名的代表。御三家的始祖都是德川家康的兒子，若是將軍家沒有人能夠繼承將軍位，可以在御三家內尋求繼承人。此外，還有德川吉宗所定的御三卿，包括田安德川家、一橋德川家、清水德川家。除了御三家與御三卿之外，其他親藩大名不得以德川為姓，而要使用德川家的舊姓松平。

譜代大名是在戰國時代開始就作為德川家家臣的大名，特別指關原之戰以前就追隨德川家的大名。雖然不如親藩大名和將軍家一般密切，譜代大名也經常被配置在重要的領地，是江戶幕府較信任的大名。外樣大名則是相對於譜代大名，是在關原之戰以後才加入德川家的大名。由於許多外樣大名曾是德川家的政敵，基本上較不受到信任，通常領地多在較偏遠之地。

在中央政府方面，江戶幕府的最高職務是「老中」，由兩萬五千石以上的譜代大名每月輪流出任。從這種「月番制」的實施，不難發現江戶幕府十分在意權力過度集中於有力大名手中。另外，還有臨時的「大老」職位，這是由十萬石以上的譜代大名出任，事實上限於酒井、土井、堀田、井伊四家。實際行政方面，則有「寺社奉行」、「勘定奉行」、「町奉行」等三奉行，分別掌管宗教、財政、司法行政等事務。

無論是那一種身分，只要是武士，就得遵守「武家諸法度」。每一任將軍繼任時，都可能對武家諸法度進行修正。若是違反武家諸法度，可能面臨到「改易」（沒收領地）、「減封」（削減領地）、「轉封」或「國替」，也就是改變領地等不同程度的懲罰。

為了嚴格監控國內的各種狀況，幕府設有「大目付」、「目付」等監察職務，分別替老中監察大名，或是替「若年寄」，也就是老中的輔佐，監察「旗本」（未滿一萬石，但可參加幕府事務的武士）、御家人。江戶幕府的管理相當嚴謹，這或許也是幕藩制度能夠維持許久的原因。

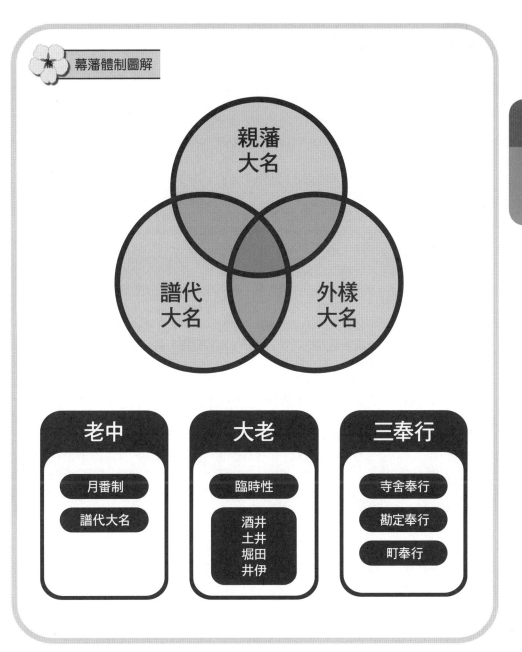

UNIT 5-3
參勤交代

　　參勤交代是江戶時代幕府對於大名的一種管理制度。「參勤」意指大名在規定的期間，必須親自到江戶覲見將軍，從事幕府工作；「交代」則是期滿之後回到封地的意思。

　　一開始，參勤交代限於德川家較不信任的外樣大名，之後，演變為所有大名都必須遵照此一規定。不過，參勤交代的制度還是會根據大名的身分、封地的遠近、職務內容的不同而略有一些調整。

　　參勤交代的核心在於江戶幕府對各地大名的掌控。基本上，大名每隔一年就必須長住江戶一年，隔年才能回到自己的封地。大名的正妻，以及要承襲大名職位的繼承者，則必須常住江戶，不得居住在大名的領地。換句話說，他們就像是掌握在幕府手中的人質，迫使大名不敢有違逆幕府的行動。當然，大名並不是所有的家人都必須住在江戶，正妻之外的側室，以及其他子女，都可以居住在大名自己的領地。

　　除了人質的掌握之外，藉由大名們頻繁地長途移動，幕府也在無形間消耗了大名的財政實力。大名的身分崇高，出一趟遠門可不是小事。大名要前往江戶參勤交代的一行，被稱作「大名行列」。根據大名的身分地位，隨行的人數也不相同。以二十萬石的大名來說，會有二十位左右的武士騎著馬，足輕一百多人，搬運貨物的更有兩三百人。這樣的隊伍，浩浩蕩蕩地前往江戶。光是沿途的旅費，就可能相當高昂，而這群人在江戶生活的開支，更是不可小覷。

　　大名行列的移動幾乎都以步行為主，每天要花六到九小時，走上三、四十公里，途中不免需要停留過夜。這時候，他們會在被稱作「本陣」的旅社過夜，本陣不向一般人開放，是大名及隨行人員專用的。由於不在自己的領地，也不在政治中心江戶，在本陣裡過夜時，是大名最容易被暗殺的時候。

　　進江戶前，就算是大名，也要在關所被仔細盤查。特別是要確認這些武士是否攜帶多餘的武器進入江戶，是否有造反的可能。到了江戶以後，大名們為了彰顯自己的地位，也為了與其他武士一較高下，通常會極盡鋪張地準備覲見將軍。這些華麗的衣著、裝飾，當然也需要經濟力的支撐。

　　參勤交代雖然是一種全然基於政治上考量而實施的政策，卻有著意想不到的經濟、文化效應。由於固定在日本移動的人群增加，前往江戶的道路沿線，增加了許多商業的機會。而眾多武士往返於江戶與自己的領地，也將江戶流行的事物帶回領國，江戶文化因此成為全日本的風尚。

大名行列中包含了
許多各司其職的不
同成員。

UNIT 5-4
鎖國

雖然江戶幕府鎖國的形象深植人心，但在江戶幕府初期，德川家康採取的外交態度其實是相當積極、開放的。

荷蘭、英國先後得到幕府的貿易許可，在九州的平戶開設商館。德川家康也有限度地開放京都、堺、長崎、江戶、大坂進行國際貿易。同時，透過頒發被稱作「朱印狀」的海外航行許可證，促進了日本在海外，特別是東南亞地區的國際貿易。中國商人也來到長崎交易，或是與日本商船在臺灣、東南亞交易。日本與朝鮮的關係，也在江戶時代得到修復。朝鮮使節被稱作「朝鮮通信使」，之後在每一代將軍繼任時都會前來祝賀，維持著良好的外交關係。

另一方面，幕府一開始也沒有禁止天主教在日本的傳教。不過，隨著日本國內天主教徒的增加，開始有招致外國勢力進入日本的潛在威脅被提出，幕府因此頒布了禁教令。禁教令擴及全國以後，幕府進一步要求天主教徒改宗。拒絕改宗的天主教徒，可能接受殘酷的懲罰，也可能被放逐。

不過，天主教徒對於信仰的堅持，使得幕府的禁教政策始終無法徹底實施。幕府開始認為這一切都是太多外國勢力進入日本所造成的，於是，1616 年，幕府限制歐洲的商船只能在平戶、長崎活動。接著，1624 年，西班牙船被禁止進入日本。幕府一步步地強化對歐洲國家與日本來往的限制。

1631 年，幕府開始實施奉書船制度。這是在既有的朱印狀之上，政府對於日本商船海外航行的進一步控制，奉書指的是由幕府老中頒布的許可文書。過去，商船只要得到朱印狀便可航行至海外。奉書船制度實施後，除了朱印狀以外，還必須要得到奉書才能成行。

不過，奉書船制度的實施還不能滿足幕府的期待。到了 1635 年，幕府全面禁止日本人民前往海外，甚至，之前在海外的日本人也不得返國。這種徹底阻絕日本人民往來於海外的狀況，就是所謂的鎖國。

要注意的是，幕府能夠全面限制的，基本上還是日本人民。直到 1639 年為止，葡萄牙商船仍然可以前往日本的商業口岸。1641 年，長崎的荷蘭商館移往出島，雖然名義上不在日本土地之上，實際上仍是與日本維持著貿易關係。出島的商館，最後也成為鎖國時代歐洲人與日本往來的唯一途徑。

在鎖國的同時，日本與東亞諸國的聯繫並未中斷。中國商船更間接地成為鎖國時代中國際貿易的最大受惠者。除了往來於長崎的中國商船之外，朝鮮王朝的商船、琉球王國的商船也都分別與薩摩藩、對馬藩維持貿易往來。

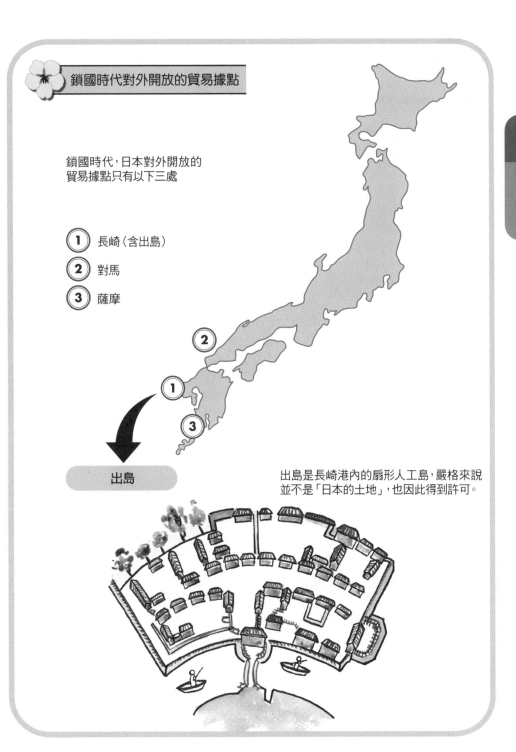

鎖國時代對外開放的貿易據點

鎖國時代，日本對外開放的
貿易據點只有以下三處

1 長崎（含出島）

2 對馬

3 薩摩

出島

出島是長崎港內的扇形人工島，嚴格來說
並不是「日本的土地」，也因此得到許可。

UNIT **5-5**
禁教令

　　禁教令是慶長 17 年（1612）江戶幕府針對天主教頒布的禁令，有時又被稱作天主教禁令。

　　江戶幕府並不是第一個禁止天主教的日本政權。1587 年，豐臣秀吉就曾經對天主教傳教士下達放逐令，這就是有名的「伴天連追放令」（バテレン追放令）。不過，這與江戶時代的禁教令還是有些不同，畢竟豐臣秀吉放逐的是外籍傳教士，應該算是一種禁止異國宗教傳教的政策。不過，1596 年，豐臣秀吉下令處死 26 名天主教徒。這種高壓的政策其實就與強迫人民改宗沒有太大差異了。

　　到了江戶幕府時期，禁教的政策又逐漸被提起。1612 年，江戶幕府在幕府直轄領地內破壞教會，並禁止傳教士傳教。這就是江戶幕府禁教的起始。隔年，江戶幕府又將禁教令擴及全國，日本境內的傳教士被放逐到馬尼拉等地。但是，日本的天主教徒並未輕易地放棄自己的信仰。

　　元和年間（1615～1624），不斷地有天主教徒在日本被發現。江戶幕府對這些天主教徒採取高壓態度，下令處死這些天主教徒。京都大殉教事件共有 52 名教徒被處死，其中包括 4 名孩童及一位孕婦。但這還不是唯一一起大規模的殉教事件。1622 年，幕府將期間逮捕的天主教徒，以及協助藏匿天主教徒的「共犯」一併處死，這是所謂的元和大殉教，將近有兩百名的教徒陸續在江戶、東北、平戶被處死。

　　然而，這種激烈的行為反而激發了天主教徒的傳教熱忱。許多傳教士更積極潛入日本，試圖在禁教的日本傳布天主教。在這樣的背景下，江戶幕府採取鎖國的策略以阻止陸續進入日本的傳教士。

　　同時，江戶幕府更積極地在國內徹查天主教徒的存在，一旦發現，便強迫這些教徒改宗。在徹查天主教徒的過程中，江戶幕府採用「踏繪」作為辨識天主教徒的方式。

　　「踏繪」，就是要求人民踩踏基督像或是聖母像。對於天主教徒來說，基督像及聖母像是重要的宗教象徵，絕不能褻瀆。江戶幕府正是掌握了天主教徒的這項弱點，要求所有人民都得一一踩踏這些特製的版畫。一開始，許多天主教徒就這樣被發現。不過，後來天主教徒也找到了解決的方式，他們在心中祈禱，解釋自己看似褻瀆的行為都是為了堅持信仰。

　　一開始，踏繪的確讓幕府查獲了不少教徒，但後來有越來越多的「偽裝棄教」的天主教徒暗中堅持自己的信仰。幕府的措施並沒有辦法達到預期中的成效。直到江戶幕府大政奉還之時，日本國內都還有天主教徒的存在。

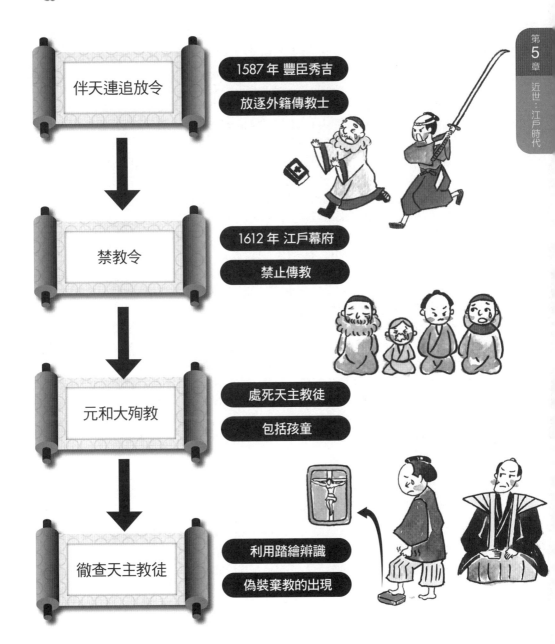

江戶幕府的禁教政策

伴天連追放令

1587 年 豐臣秀吉

放逐外籍傳教士

禁教令

1612 年 江戶幕府

禁止傳教

元和大殉教

處死天主教徒

包括孩童

徹查天主教徒

利用踏繪辨識

偽裝棄教的出現

朱子學

朱子學就是中國南宋朱熹的儒學學說，在日本也曾流行。室町時代由禪僧一山一寧引進朱子學以後，五山的禪僧將朱子學作為中國學問之一，在寺院中學習。儒學在日本逐漸發展，受到統治階級的喜好，最終脫離了附屬於佛教的身分，取得了相對獨立的地位。

江戶時代初期，朱子學在日本各地發展。其中，被稱作「京學派」的藤原惺窩，以京都為講學中心，門下有許多知名的弟子，包括對江戶時代造成相當影響的林羅山。林羅山向德川家康提出將學問與實際政治結合的理念，受到德川家康的肯定，日後，林羅山的子孫世世代代都擔任江戶幕府的儒官。

在佛教與政治緊密相連的江戶時代，儒、佛之間的論戰也開始出現。林羅山站在朱子學的立場，開始提出排佛論，除了指出佛教作為夷教，不符合中華思想以外，也針對佛教對國家造成的經濟損失提出批判。另外，德川光圀支持以朱子學史觀為核心的修史事業，《大日本史》的編纂雖是歷史學研究，到了後期卻開始影響到經世濟民的思想，出現了試圖在內憂外患的困境之下，克服國家危機的思想，儒學與政治之間的關係變得更加令人注目。

十八世紀末以後，朱子學成為幕府的「正學」，也就是標準的學問。地方上的藩校，對武士階層進行朱子學教育。對於武士階級來說，朱子學重視自律，理論上強調道德，是相當符合武士階級生活準則的一種學問。

朱子學在日本的另一脈絡，被稱為「水戶學」。水戶藩的二代藩主德川光圀招募學者從事史籍編纂的工作，基本上以朱子學史觀的學者為中心。他們重視名分，強調正名的重要，認為歷史是一種道德教訓的表現。這種史觀，特別重視對君臣道德上的評價。以修史、歷史研究為主的水戶學，被稱作前期水戶學；相較於此，後期水戶學更重視與政治的實際聯繫。

藤田幽谷的《正名論》指出，嚴格明定君臣上下名分是維持社會秩序安定的首要條件，此一思想成為後來尊王思想的根據。其後，他的門人更強調透過政治改革、強化軍備以促進國家統一，指出尊王、攘夷的重要性。更重要的是，國體的概念也在此時被提出。作為日本國家建國原理以及國家體制的國體，與尊王攘夷思想結合，成為國家主義思想的根源。

後期水戶學，原本是以天皇的傳統權威作為基礎，希望透過以幕府為首的國家體制的強化，確保日本的獨立性。然而，幕府似乎未能達成此一目標，因此，尊王攘夷思想逐漸轉向為反幕思潮。明治維新以後，天皇制國家仍然受到國體觀念的影響，從國家的教育政策當中可以看到國體作為支撐國家秩序的理念，也是國家主義思想的重要成分。

 朱子學的引入與發展

 一山一寧引入朱子學

作為中國學問之一　　　寺院中傳播

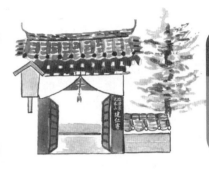

 朱子學脫離佛教獨立發展

京都的「京學派」

 江戶時代的儒官

林羅山　　　學問結合政治

林羅山

 德川光圀的支持

大日本史的編纂　　　經世濟民的水戶學

 幕府的正學

武士教育　　　道德自律

德川光圀

後期水戶學

尊王攘夷　　　國家主義的根源

133

UNIT **5-7**
江戶時代的城市

　　江戶時代，日本共有三大城市，分別是幕府所在的「江戶」、公家所在的「京都」，以及天下的台所「大坂」。三者分別具有不同的都市意象，京都以傳統聞名，大坂以富庶為人稱道，江戶則是人口、權力最為集中的幕府重鎮。因此，也可以這麼說，京都是文化的城市，大坂是商業的城市，江戶則是武士的城市。

　　事實上，這三個城市的規模都相當驚人。京都、大坂都有三、四十萬以上的人口，江戶更是有百萬人之多。江戶、京都、大坂都是幕府直轄的城下町，也就是以「城」為中心，由武家地、寺社地、町人地所共同構成的一種都市類型。

　　武家地，就是武士居住的地域。武士的住宅，被稱作武家家敷，根據身分地位的不同，有規定的樣式及面積大小。基本上，越高位者的武家家敷，越靠近城。通常，武家家敷是由幕府所分配的，但也有武士自行擴建的情況。

　　寺社地是以佛寺、神社為主的區域，具有較強的宗教性。不過，像是「門前町」等地，又有定期市集的功能。宗教具有匯聚人潮的功能，這一點在日本也是如此。因此，寺社地未必就只有莊重的宗教活動，也有許多遊樂性質的場所。

　　町人地，以「町」作為基礎單位，有獨自的法規及經濟來源。町人不是農民，以經營商業為主，因此町內大多都是各式各樣的店鋪。町內的成員通常會互相幫助，確保所有成員的財產與安全，比較接近共同體的生活形態。

　　雖然江戶幕府一開始對於城下町的土地進行了各種規劃，隨著時序推移，城市的發展逐漸超乎之前規劃的範圍。大名的武家家敷空間不足，商業的興盛也使得町人想要拓展店鋪，江戶開始不斷地向外擴張。當土地使用向外擴張時，原有的城市規劃很難應用到新的城區之上。因此，江戶新闢的土地上，武家地、寺社地、町人地等不同區位的土地，便混雜在一起，改變了都市的面貌。這樣的狀況不只發生在江戶，京都、大坂的情形雖不如江戶嚴重，但也朝著相同的方向發展。

　　在人口密集的大城市，火災是相當具有威脅性的人禍。特別是以木造房屋為主的日本，火災具有的破壞力更是不可小覷。隨著江戶城市的發展，都市的防災機能也是受到重視的一環。十八世紀前期，江戶便有擔任消防工作的「町火消」出現。這是由町人自主組織的消防團隊，也是町人守望相助的具體表現。事實上，町火消比之前武士們組成的大名火消等武家消防隊更具有行動力，在維護江戶的社會安全上發揮了更大的作用。

　　江戶時代的城市發展，使得居住在城市裡的人們越來越有自信。生活在江戶城下町的人們，特別是那些生活富裕的町人，以「江戶之子」自居，甚至把地方上的武士都當作鄉下來的土包子。這種態度與過去貴族社會的氛圍大相逕庭，也說明了江戶時代都市文化的新發展。

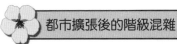
都市擴張後的階級混雜

武家地

寺社地　　　　　城　　　　　町人地

都市擴張

城

武家地／寺社地／町人地
混雜

UNIT 5-8
琉球王國與琉球使節

　　在日本的南北朝時代，現在的沖繩島上有三個王權鼎立，史稱「三山」，分別是「北山國」、「中山國」、「南山國」。其中，中山國國王向明朝朝貢，得到了冊封。明朝政府還賜中山國「三十六姓」，以這三十六姓移民為基礎，中山國開始學習中國的禮樂制度，甚至派遣留學生前往明的國子監留學。

　　1429 年，中山國的尚巴志統一了沖繩島，成立了琉球王國。自中山國時代開始，琉球與中國的外交、貿易就相當頻繁。許多中國使節來到這裡，有感於琉球的文化、風俗與中國大不相同，在文化衝擊下寫下了許多漢詩。同時，琉球官員也學習漢詩文以與中國交流。這些漢詩可以幫助我們認識歷史上的琉球王國。當時的琉球，自詡是東亞貿易的中心。事實上，除了與中國的貿易之外，朝鮮商人、日本商人、東南亞商人也都會聚集於此，就連歐洲商隊都知道琉球在貿易上的重要性。

　　1470 年，尚圓王即位，雖然沿用之前王朝的姓氏，實際上卻是截然不同的血緣。此前的尚氏王朝被稱作第一尚氏王朝，尚圓王以後的則是第二尚氏王朝。第二尚氏王朝在沖繩島上建立了更為中央集權的政府，琉球王國更加興盛。

　　不過，1609 年，控制九州鹿兒島的薩摩藩，以琉球王國未盡禮節為藉口，出兵攻打琉球。事實上，薩摩藩的目標是琉球王國巨大的商業利益。當時的琉球對中國是一年一貢，也就是每年都能合法地進行一次大規模貿易；而日本則是十年一貢，差異相當懸殊。未能抵擋薩摩藩兵力的琉球，從此臣屬於薩摩藩，成為附庸國。

　　有趣的是，為了維持琉球王國與中國貿易的權利。薩摩藩竭盡所能地不讓中國使節發現琉球王國早已失去獨立的自主權。每當中國使節踏上琉球的土地，市集中所有日本痕跡都會被抹去。琉球王國就在這樣的情況下維持了很長一段時間的「兩屬狀態」，也就是同時隸屬於兩個不同的宗主國。

　　既然隸屬於日本，琉球就也得向江戶幕府朝貢。前往江戶幕府的琉球使節，又被稱作「江戶上り」（えどのぼり）。基本上，每逢琉球國王、幕府將軍繼位，都得分別派遣「謝恩使」或「慶賀使」。

　　琉球使節的旅途相當漫長，配合航行的季節，六月從琉球出發後，先抵達薩摩，再經長崎、下關等港口，穿越瀨戶內海抵達大坂。接下來走陸路，經京都、東海道抵達江戶，通常此時已是 11 月左右了。在江戶停留一兩個月左右，又得踏上歸途。

> **✛ 日本史小提醒**
>
> 三十六姓是虛數，其實並沒有三十六種姓的存在，這些移民居住在久米。

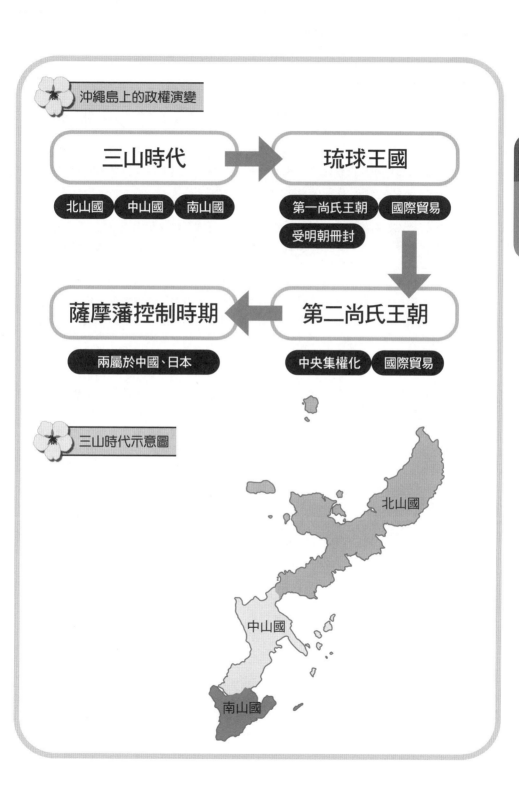

沖繩島上的政權演變

三山時代 ➡ 琉球王國

北山國　中山國　南山國

第一尚氏王朝　國際貿易

受明朝冊封

薩摩藩控制時期 ⬅ 第二尚氏王朝

兩屬於中國、日本

中央集權化　國際貿易

三山時代示意圖

北山國

中山國

南山國

UNIT **5-9**
出版文化

　　江戶時代，京都出現了專門製作書籍並販賣的書店（本屋）。除了宗教書籍之外，與學問相關的，或是極富娛樂性質的，都可能被出版。

　　當時的京都，有各式各樣的書店。配合各種不同階層人群的需求，有些書店販賣儒者所需的書籍，有些書店販賣與佛教相關的著作，當然，也有符合大眾口味的浮世繪的書店。日曆等日常生活中所需的資訊，也可以在書店中找到。

　　在各種書籍出版興盛的背景下，江戶的出版業逐漸發展出具有特色的營運形態。首先，許多出版品都是根據寫本製成的。寫本文化是日本書籍文化中相當重要的一環，抄寫各種書籍是寺院中長久以來的傳統。中世時期，五山寺院出版的書籍，也成為江戶時代出版業所根據的底本來源之一。

　　由於一本書可能存在好幾種不同版本，有經驗的出版業者，會廣泛收集各種版本，進行仔細地校對之後，再出版書店自己的版本。另外，有些書店會收集來自中國的書籍，加上日文讀解漢文時所需的符號，出版適合日本人閱讀的漢文書籍。這些不同的作法，都暗示了當時日本應該有不小的閱讀市場，書店因此需要製作更符合讀者的版本以迎合市場需求。

　　在既有的書籍之外，江戶時代也出版了許多新的書籍。除了新出的註釋書之外，也有許多以娛樂為目的的出版品。隨著出版的發達，江戶幕府對出版業的監控也更加緊密。首先，從政治的角度，江戶幕府嚴禁一切與德川家有關的出版品，以防任何政治上可能出現的不良影響。同時，被視為傷風敗俗的娛樂性作品也遭到查禁。另外，就是與外國文化，特別是與天主教有關的出版品，這也是幕府禁教措施的一環。

　　有趣的是，江戶時代的町人生活富裕，町人文化對於出版文化造成了很大的影響。一方面，町人原本就是出版文化的中堅分子，經營書店的業者當然是町人；另一方面，町人也是出版品最廣大的讀者群。町人感到興趣的領域，幾乎都會有相應的出版品。各種辭典、百科類書籍都受到町人階級的喜愛。當然，隨著町人文化的發展，園藝、庭園越來越發達，這一類專業書籍的出版也大量增加。書籍不再限於儒教、佛教等經典作品，知識性、娛樂性、生活中可能接觸到的一切，都成為江戶時代出版的內容。

＋ 日本史小提醒

　　嚴格來說，「本屋」只販售宗教、學問書籍，販賣娛樂性質出版品的，是「草紙屋」或是「繪草紙屋」等。

江戶時期的出版文化

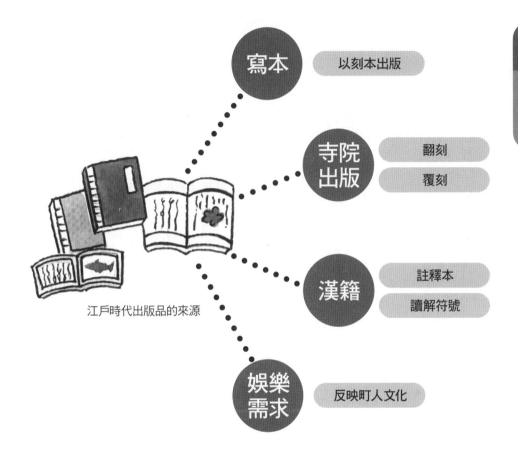

寫本　以刻本出版

寺院出版　翻刻
　　　　　覆刻

漢籍　註釋本
　　　讀解符號

娛樂需求　反映町人文化

江戶時代出版品的來源

UNIT 5-10
朝鮮通信使

　　朝鮮聘禮使，又稱朝鮮通信使，指的是朝鮮王朝在室町時代至江戶時代之間派往日本的外交使節團。目前，日本學界通常使用朝鮮通信使稱呼此一使節團。

　　朝鮮通信使通常從臨近日本的海港釜山出海，途經對馬藩，再由瀨戶內海上岸。江戶時代，將軍的根據地在關東地區，朝鮮通信使還得再經過一段陸路的旅程，才能順利到達目的地。一開始，朝鮮通信使是為了回應由足利義滿送往日本的國書而派遣到日本的。後來，隨著日朝之間外交關係的變化，曾有中斷的時期，也有如江戶時代一般，較為固定派遣的時期。

　　當然，當日朝之間存在微妙的緊張關係時，朝鮮通信使除了使節的正式身分之外，也包含了秘密偵查敵情的重要任務。對於一水之隔的兩國來說，雙方在社會政治文化上的差異，是令這些有機會踏上異國土地的官員相當在意且注目的。此外，江戶時代初期，朝鮮通信使還兼負著另外一項重要工作，就是希望能夠帶回文祿、慶長之役時，被日軍俘虜的朝鮮人。當時，將帶回戰俘稱為刷還，朝鮮通信使因此也被稱為刷還使。被日軍俘虜至日本的，除了官員，軍人之外，還包括大量的工匠。

　　在江戶時代，共有 12 次派遣朝鮮通信使的紀錄。直到 19 世紀初為止，幾乎每逢將軍繼位，朝鮮王朝都會派遣使節前往江戶慶賀。在日本期間，各地的大名會負責接待這些遠道而來的使節。由於當時的日本與朝鮮王朝都是使用漢字的社會，因此，雙方雖然語言不通，卻能夠使用筆談的方式交流。當然，當時有許多優秀的翻譯人員存在，可以協助意見上的交換以及正式場合中的儀式進行。

　　不過，對於相互通曉漢文，且有漢文寫作能力的知識分子而言，相互贈詩是當時相當流行的風尚。事實上，這種以漢詩相互應酬的文化行動，隱含著兩國之間的文化角力，決不是隨意寫作而成的。任何一首流傳出去的漢詩，都可能成為對方評判自己國家文化實力的依據。不難想像這些使節們抱持著什麼樣的心理準備來應付這些有備而來的日本文人。

　　而從另外一項角度來看，朝鮮通信使的使節們將在日本一路上的所見所聞，以日記或是其他文學形式紀錄下來，成為了一種站在他者角度觀看日本社會的材料。有很多日本社會當中習以為常的事情，並不會出現在日本當地的文學作品或是歷史紀錄中。這與許多人出國遊玩時，總覺得身在異國，就連日常生活中也充滿了各種特別事物與體驗的道理接近。朝鮮通信使留下的紀錄，也因此具有高度的價值。

　　有趣的是，朝鮮使節們不只對日本留下了各種紀錄，前往中國的朝鮮使節，也就是所謂的燕行使，也留下了很多對於中國社會文化的觀察心得。

通信使的參府路線

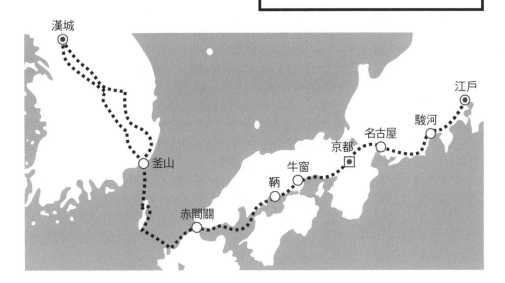

朝鮮使節的參府路線

漢城

釜山

赤間關

鞆

牛窗

京都

名古屋

駿河

江戶

赤穗事件：忠臣藏的故事

「忠臣藏」是許多對日本文化感到興趣的讀者都相當熟悉的故事，除了小說之外，也曾有電視、電影等翻拍的作品。事實上，忠臣藏是根據元祿年間（1688～1703）的赤穗事件所創作的故事，並不完全是史實。

元祿 14 年（1701）3 月 14 日，淺野長矩在江戶城內公然刺殺吉良義央。這場暗殺事件就是赤穗事件的開端。根據淺野長矩的說法，他是因為「此間遺恨」而決定刺殺吉良義央。當時，吉良義央是幕府方面接待朝廷使節的負責人，淺野長矩則是擔任輔佐的職務。在影視作品中，通常是以淺野長矩沒有按照潛規則賄賂，招致吉良義央的不滿，而暗中計畫讓淺野長矩作出不合禮節的行為這樣的情節安排出現。實際上，並沒有任何的資料可以明確說明兩人之間有什麼過節。

總之，淺野長矩因刺殺的行為而付出生命作為代價。幕府將軍德川綱吉當天就命令淺野長矩即日切腹。吉良義央幸運地躲過一劫，不但沒有被刺死，也因為當時沒有還手，而不用接受懲罰。按照當時武家的規矩，爭執的雙方都有錯，這就是所謂的「喧嘩兩成敗」。淺野長矩在朝廷使節還在江戶城內時刺殺自己的長官，不但使得接待朝廷使節的儀式無法順利完成，更是大大丟了幕府的臉。

淺野長矩的死傳回領地赤穗城（現兵庫縣赤穗市），擔任家老的大石內藏助與家臣們商討如何應對。然而，淺野家的領地被幕府收回，淺野家的家臣們都成為浪人。當這些家臣們四散各地時，打算向吉良義央復仇的計畫也在秘密籌備中。當然，不是所有的家臣都有復仇的想法，最終共有 47 人加入計畫。

元祿 15 年 12 月 14 日，所謂的四十七士分成兩隊趁夜潛入吉良義央家中。他們的復仇計畫並不像故事中一般的堂堂正正。在忠臣藏故事中，大石內藏助擊打著承襲自著名兵學家山鹿素行的「山鹿流陣太鼓」，光明正大地向敵人宣示自己的進攻。事實上，他們大概是潛入吉良義央家後，謊稱火災造成吉良家的混亂，再趁機鎖上家臣們所住的屋子。吉良義央抵擋不住赤穗武士的攻擊，最終被殺。

事件很快地流傳在江戶社會中，幕府也必須作出裁決。當時，著名的學者紛紛對此事件提出意見。林信篤認為這是忠義的行為，幕府不該加以懲罰；荻生徂徠則指出，雖然替主人報仇是「義」的表現，但畢竟是為了一己之私。幕府要站在「公」的立場作出裁決。最後，幕府採用了荻生徂徠的看法，命令赤穗武士切腹。

赤穗事件後，四十七士作為「義士」的形象深入人心，忠臣藏也成為家喻戶曉的故事。

赤穗事件圖解

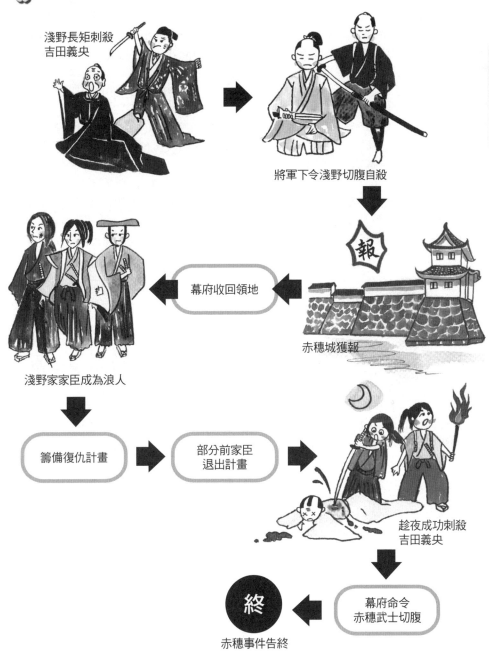

淺野長矩刺殺
吉田義央

將軍下令淺野切腹自殺

報

幕府收回領地

赤穗城獲報

淺野家家臣成為浪人

籌備復仇計畫 → 部分前家臣
退出計畫

趁夜成功刺殺
吉田義央

終

赤穗事件告終

幕府命令
赤穗武士切腹

UNIT **5-12**
享保改革

　　德川幕府的第八代將軍德川吉宗任內，進行了一連串的政治改革，稱作享保改革。享保改革與之後的寬政改革、天保改革並稱為江戶幕府的三大改革，具有很大的影響。享保改革的內容，可以分為以下七大部分：確立將軍權力、都市政策、國家公共政策、米價政策、國民教育、制定官僚制度以及收集海外資訊。

　　首先，在確立將軍權力方面，由於德川吉宗出自紀伊德川氏，為了穩固自己在幕府中的權力，德川吉宗特別重用紀伊藩出身的人士。特別是，德川吉宗還組成了「御庭番」，作為將軍的耳目。這些為將軍收集各種資訊的情報員，當然也是出身於將軍最信任的紀伊藩。同時，還有為了收集一般百姓意見而設置的「目安箱」。雖然不是匿名制的投書，但也對於將軍掌握民心起了一定的作用。

　　以江戶為主的都市政策也是享保改革中重要的一環。町奉行所的改革以及町火消的設置是當中最重要的部分。隨著町政的改革，幕府得到的稅收也得以增加。

　　在國家公共政策方面，最核心的精神就是改善幕府的財政狀況。為了農業的發展，幕府著手於災害的防治，治水就是一例。此外，開發新的田地、獎勵農民栽種商業作物，都有助於改善農民的生活，也間接提高政府的稅收。同時，幕府也設置了免費的醫療中心，這種名為「養生所」的醫療機構，能夠救濟需要援助的貧民。

　　荻生徂徠在享保的改革中，起了很大的影響，特別是在官僚制度方面。過去的幕府政治，相當注重依循前例。但是所謂的前例並非成文的紀錄，而經常是憑藉著主事者的印象。因此，引發不少的政治問題。荻生徂徠提出一項有效的解決方案，並受到德川吉宗的支持。首先，所有的幕府單位中，都要設置負責抄寫紀錄的職位。同時，要按照規定的公文格式，將實際上的政務轉換成文字檔案。同時，以文書為核心的政務處理方式，也擴展到地方上。制度化的公文書，大大改變了幕府的官僚機構。

　　另一方面，德川吉宗也有意將過去傾向「人治」的幕府政治，改為以法典為根據的「法治」政治。《公事方御定書》是當時新制定的判決、刑罰依據，此後，各種訴訟及犯罪事件，都有了可依循的標準。

　　在國民教育上，德川吉宗推廣儒學，並鼓勵地方上私塾的發展。同時，對於來自歐洲的知識，也有一定程度的開放。只要是與天主教無關的西方書籍，內容屬於實學，也就是有益於現世的知識，其漢譯本都可以進入日本。此外，德川吉宗還命令幕臣學習荷蘭語，這項政策間接地影響到日後蘭學的發展。

享保改革重要內容

享保改革重要內容

- 御庭番、目安箱
- 改革町奉行所、町火消
- 改善農民生活、養生所
- 公文書制度化
- 公事方御定書
- 推廣知識教育

UNIT 5-13
寬政改革

　　1787 年至 1793 年間，時任江戶幕府老中的松平定信，主導了所謂的寬政改革。松平定信事實上是享保改革主導者德川吉宗的孫子。寬政改革的背景，是此前的天明大饑荒。饑荒導致農村經濟的破壞，對於幕府而言是很大的打擊。

　　1789 年，松平定信為了以備饑饉之需，下令諸藩必須事先貯備糧食。這種預備糧被稱作「囲米」，有一定的貯藏比例。每一萬石的米中，有 50 石的米必須作為囲米，也就是千分之五的比例。

　　事實上，松平定信之所以坐上幕府老中的職位，與他擔任白河藩藩主的經驗不無關係。當時，他在藩主任內成功的饑饉對策，樹立了他在幕府政治中的地位。也因此，如何預防饑饉，是寬政改革中相當重要的部分。

　　為了重振農業，松平定信發布了「舊里歸農令」。這是一項增加農業人口的策略。當時的江戶，就如同現今所有大都市一般，面臨了人口過度集中的問題。許多人離開家鄉，到江戶需求更多、更好的機會，卻茫然不知何去何從。舊里歸農令正是針對在江戶沒有正式工作的人們，提供他們一定的資金，鼓勵他們返鄉從事農業工作。

　　「舊里歸農令」雖然可以增加糧食生產、農業上的收益，幕府卻得預先支出一筆資金的費用。因此，幕府也必須籌措財源以應付這筆驚人的支出。松平定信想到的策略就是利用町人的力量。透過節約的經濟政策，將節約下來的町費，撥出七成存入町會所。這筆基金不斷地累積，不但在寬政改革期間發揮了應有的功能，此後也持續作用，直到明治維新之時都還有驚人的餘額。

　　除了舊里歸農令之外，松平定信還考慮到其他減少江戶遊民的政策。針對那些無家可歸的人，為了避免他們在江戶街頭滋事，將他們收容在石川島的「人足寄場」，還對他們進行職業訓練。可以看出幕府期待這些江戶的不穩定因子都能轉變為有益於經濟發展的人力。

　　在文化方面，松平定信則獨尊儒教，禁止所有「異學」。松平定信認為只有朱子學可以教化人民、培養人才，還獎勵孝行，試圖以儒家道德作為教化的媒介。

　　當時，幕府上下的財政狀況都有很大的問題。為了重振經濟，徹底擺脫債務的負擔，松平定信還公布了「棄捐令」，試圖透過有限度的債務重整，改善全國上下的經濟困境。事實上，松平定信的政策的確有一定的效果，寬政改革之後，幕府的財政一時得到改善。不過，松平定信的激烈改革也招致其他幕臣的不滿，寬政改革在短短七年內告終。

寬政改革的階段

階段	措施
背景	天明大饑荒 農村經濟嚴重破壞
囤米	儲備糧食 預防饑荒發生
興農	舊里歸農令 增加農業人口
開源	節約町費 町會所累積基金
治安	收容遊民 職業訓練以投入職場
財政	棄捐令 有限度的債務重整

UNIT 5-14
天保改革

　　天保年間（1830-1843）的一系列政治改革被稱作天保改革，與享保改革、寬政改革不同的是，天保改革是幕府政治與藩政改革的總稱，並不只是幕府方面主導的改革。天保改革的背景，與寬政改革相似，都是起於大饑荒之後的社會問題。由於全國性的饑荒實在太過嚴重，各地陸續發生了百姓一揆及各種動亂。

　　天保 8 年（1837），幕府將軍德川家齊退位，由德川家慶繼任將軍，但政治實權仍然掌握在大御所德川家齊手中。此一時代，也因為德川家齊作為大御所掌權，而被稱作「大御所時代」。天保 12 年，德川家齊死去後，以老中水野忠邦為首，開始了政治改革。

　　一開始，天保改革是以回復享保、寬政時代的政治為號召。對於政治上、社會上的各種取締相當嚴格，這也招致了商業的衰退，反而對於經濟發展沒有幫助。天保改革的其中一項特徵，就是對於「善良風俗」的徹底要求。奢侈品被禁止，對於出版業的監控也相當嚴格，西洋的學問、流行的町人文化都遭到限制。

　　與寬政改革相仿，水野忠邦也以回復農村的活力為目標。「人返令」，就是要求人民回到農村的一項政策。不過，不像寬政改革是以鼓勵的方式，天保改革則是以強制的方式執行。首先，農民進入江戶工作必須得到許可，這是限制過多農民流入江戶的第一步。再者，流入江戶的貧民也被強制遣返到農村。雖然制度的基本精神或許相同，但天保改革是更為強硬的改革政策。

　　另外，天保改革還有一項特色，那就是此一時期幕府所承受的外患壓力。中英之間的鴉片戰爭，對於日本而言是相當大的衝擊，也激起了幕府對於戰爭可能到來的準備工作。過去，日本官方對於外國船隻採取較為激烈的作法，鴉片戰爭後，便改採較為溫和的「薪水給與令」。雖然同樣是拒絕外國商船進入日本，但態度上明顯地和緩許多。

　　同時，幕府也命令大名加強軍備，臨海的諸藩更是要做好防備。江戶灣的軍備，也是在此時加強的。從過去的經驗中，幕府已經認識到西洋的船堅砲利，因此，計畫向荷蘭採購大砲、火槍等武器，也預定要購買蒸汽船等設備。

　　不僅幕府方面認識到時局的變化，一些大名也有相同的認知。長州藩便透過商業活動強化自身的實力，希望能夠改善領國的財政狀況。薩摩藩也透過奄美大島的砂糖專賣，以及藉由琉球取得的商業利益積極改革。這些大名對於時局變化的敏感度，使得自己的領國能夠提早轉型，奠定了幕末動盪期的重要基礎。

天保改革重要內容

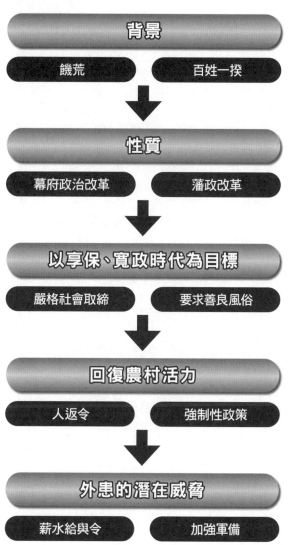

背景

饑荒　　　　　　　百姓一揆

性質

幕府政治改革　　　　藩政改革

以享保、寬政時代為目標

嚴格社會取締　　　要求善良風俗

回復農村活力

人返令　　　　　強制性政策

外患的潛在威脅

薪水給與令　　　　加強軍備

UNIT **5-15**
庶民文化的代表：浮世繪

　　說到江戶時代的庶民文化，許多人都會想到一幅幅具有日本印象的版畫，也就是現在通稱的浮世繪。一般而言，浮世繪是一種多色刷的木版畫，通常以大眾文化中流行的主題為對象。「浮世」就是現世，換句話說，浮世繪所繪的都是現實世界中所見所聞的事物。

　　一開始，浮世繪是以插畫的形式出現的。後來，由於這種繪畫受到一般民眾的歡迎，便脫離文字，獨自以單幅繪畫的方式出售。若以主題區分，浮世繪可分為以下類別：美人畫、役者畫、風景畫。

　　其實，若是嚴格區分，浮世繪還可以分作「版畫」與「繪畫」。繪畫又稱「肉筆畫」，就是畫家親自繪製的。版畫則是製版之後，大量印刷販售的作品。現在提到浮世繪，一般都直接指稱版畫，這是因為現存的版畫較多，佔了浮世繪的主流。而且以庶民社會的形態而言，一般民眾有能力購買的，也是這些印刷品。

　　美人畫的主題，自然就是江戶時代的美女了。美人畫也是浮世繪中讓人印象深刻的主題之一。不管是實際存在的美人，例如當時商店街中受到歡迎的美女，或是故事中的女性，如淒美愛情故事的女主角八百屋於七，都是相當常見的主題。當然，除了個人的美人畫之外，也有一整群美女同時作為主題的。這些美女以不同的姿態出現在畫中，滿足了消費者的期待。以美人畫聞名的畫師相當多，喜多川歌麿、鈴木春信、鳥居清長、歌川國輝都是其中最為知名者。

　　除了美人畫之外，役者畫也相當受到歡迎。所謂的役者，通常是歌舞伎的役者。這種繪畫形式不但可以作為歌舞伎的宣傳，也可以作為役者自己的廣告。有點類似現代演員們拍攝的宣傳照，以歌川國芳為最有名的畫師。類似役者畫的，還有以劇情為主的「芝居繪」。將戲劇的劇情以繪畫表現，相當具有特色。

　　另外，浮世繪在人物為主的情況下，也有完全不同風格的作品。在旅行、移動變得頻繁的江戶社會中，以風景為主題的浮世繪也受到歡迎。值得一提的是，這裡的風景通常並不是單純的美景，而是為人所知的某地的景色。換句話說，所謂的風景畫，常常都是名勝地的風景。因此，這種繪畫形式又被稱作「名所繪」。最有名的，當推歌川廣重的「東海道五十三次」與葛飾北齋的「富嶽三十六景」。此外，以日常景物為主題的作品也有，浮世繪中就有不少以貓的姿態為主題的。

　　浮世繪特別受到西方美術界的喜愛，背後有段有趣的小故事。由於浮世繪的大量印刷，難免有廢棄的瑕疵品，或是因破舊而被淘汰的。這些廢棄的浮世繪作為貿易商品的包裝紙，甚至是防震的緩衝材，飄洋過海抵達了歐洲。在歐洲，偶然被印象派的畫家發現，這種日本庶民所喜愛的廉價美術品，一夕之間也成為歐洲美術界的珍藏品。

美人畫

江戶美女／故事中的美女

喜多川歌麿、歌川國輝

役者畫／芝居繪

宣傳歌舞伎

戲劇的劇情

歌川國芳

風景畫／名所繪

勝地風景

歌川廣重、葛飾北齋

UNIT **5-16**
百姓一揆

　　與中世時期的土一揆不同，江戶時期的一揆以農民為主，稱為「百姓一揆」。不過，江戶時代的百姓一揆也不是全然相同，根據其性質、形態的不同，又可以再細分為「代表越訴型」、「惣百姓一揆」、「村方騷動」、「國訴」、「世直一揆」等不同類型。

　　江戶時代農民面臨的生活困難是造成一揆的最主要原因。幕府、藩主不斷地提高年貢，農民的負擔也一再加深。同時，幕府、藩主方面也由於財政困難，無視農民的負擔，強迫農民必須繳交應付的租稅。這種壓力是第一層的原因。此外，江戶時代貨幣經濟的發達，使得農民的收穫必須轉化為貨幣，這對農民而言並不利，且會使得貧農難以翻身。最糟的是，在這樣的社會背景下，江戶時代還發生了好幾起嚴重的天災與饑荒。農民們便是在這樣的情況下發動百姓一揆的。

　　代表越訴型的百姓一揆，是農民為了向上級行政單位提出減免年貢的要求而集結成的。為了全體農民的利益，村民的代表冒著死罪，向上級行政單位提出控訴。這些村民代表被稱為義民，扮演了一揆中的核心角色。

　　惣百姓一揆的特色是各地的農村結合在一起，形成更大、更團結的勢力。這種百姓一揆影響的地域較廣，也較為激烈。有時，甚至整個藩內的農村都聯合起來，稱作全藩一揆。由於涉及的人物眾多，為了不被發現誰是一揆中的領袖。連署的時候便以特別的形式署名。這種中心放射狀的署名方式，不但可以避免透露領導者的資訊，還象徵了一揆的團結一心。

　　村方騷動是農村內部的分化所導致。由於農民之間也出現了富農、貧農階級的差異，在政治上的看法經常有很大的歧異。當對村裡的政治事務產生較大的意見分歧時，便有可能出現大規模的對立。這種情況在日本各地逐漸變得普遍，也使得地方政治更不穩定。

　　百姓一揆當中，最具有特色的便是國訴。所有的百姓一揆幾乎都是違法行為，但國訴卻是農民團結起來，循著合法管道，成功達到目的的一揆。大坂近郊的農民，為了爭取不被剝削的商業管道，與當地商人結合，向大坂町奉行所提出訴訟，結果成功地達成自由銷售商品的目標。

　　最後，江戶幕府末期發生了多起世直一揆。「世直」意指改變這個世界，可以感覺到應該是較為激烈的百姓一揆。世直一揆以貧農為中心，要求廢止商人、高利貸的特權，爭取底層階級的權益。這些一揆影響到的地區相當廣泛，反映出幕末動盪不安的社會環境。

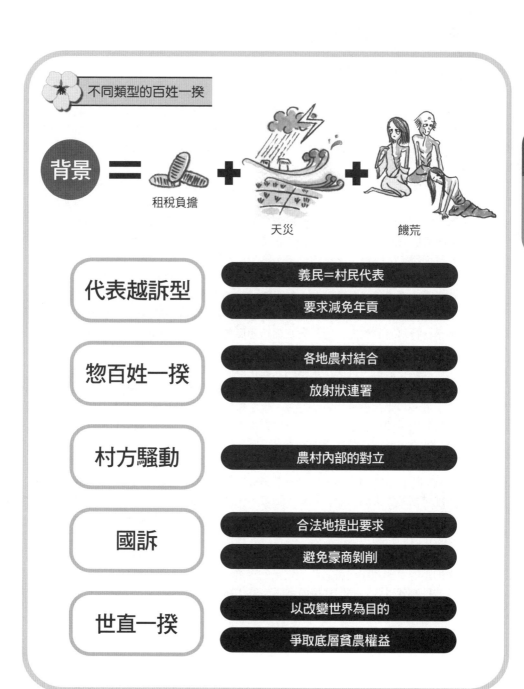

不同類型的百姓一揆

背景 ＝ 租稅負擔 ＋ 天災 ＋ 饑荒

代表越訴型
- 義民＝村民代表
- 要求減免年貢

惣百姓一揆
- 各地農村結合
- 放射狀連署

村方騷動
- 農村內部的對立

國訴
- 合法地提出要求
- 避免豪商剝削

世直一揆
- 以改變世界為目的
- 爭取底層貧農權益

UNIT 5-17
幕末的動亂

圖解日本史

　　來自美國的黑船為幕末的動亂揭開了序幕。雖然美國早已知會荷蘭商館有關美國艦隊即將來航之事，荷蘭商館也將情報轉告幕府，但江戶幕府仍是手足無措地迎接黑船到來。從此，外國勢力勢如破竹地進入日本，日本就像同時期的中國一樣，簽署了無數的條約。

　　在此外交、政治背景下，天皇和幕府的態度不同，京都的孝明天皇並不願意簽署這些條約。以天皇為首的公家也堅持如此。但是，幕府方面卻在沒有天皇敕許的情況下，擅自簽署了與美國的通商條約。這種無視公家、天皇的行為招致了許多人的不滿。幕府為了壓制反抗聲浪，便將反對者逮捕下獄，這就是所謂的「安政大獄」。

　　雖然安政大獄大大破壞了幕府的形象，當時日本國內仍有不少勢力希望恢復公家、幕府之間的和諧。這些所謂「公武合體」的支持者，主導了幕府將軍與皇女的和親。

　　不過，當時的京都已成為攘夷派、新選組的戰場。攘夷派的對象原本是日本境內的外國勢力，卻在對幕府政治失望的背景下，逐漸轉向為針對與外國勢力低頭的幕府。新選組則是支持幕府的勢力，他們在京都暗殺反幕府勢力，與攘夷派、倒幕派水火不容。

　　在這之中，長州藩擅自向英法軍隊開火而招致戰爭的行動，受到了幕府的懲罰。幕府派兵攻打長州藩的事件，被稱為「長州征討」，也被稱作「幕長戰爭」。幕長戰爭不但確立了日後長州藩倒幕的政治路線，也嚴重傷害了幕府的政治實力。後來，西鄉隆盛、小松帶刀、桂小五郎等幕末名士在京都會面，確立了薩長聯盟的成立。幕府第二次的長州征討，暴露出幕府軍力的不足，甚至得以談和告終。兩次的幕長戰爭，可以說是江戶幕府政治實力的終結，國內的政治風氣也開始轉向。

　　明治天皇即位後，陸續出現了幕府應該還政於天皇的政治聲浪。坂本龍馬知名的船中八策，就包括了「大政奉還」一項。日後，土佐藩主果然向幕府將軍德川慶喜提出了大政奉還的建言。同年，德川慶喜就還政於明治天皇，稍後又辭去了征夷大將軍一職，畫上了幕府的句點。

　　不過，德川慶喜的決定並未受到所有幕臣的支持。大政奉還以後，仍有許多支持幕府勢力的軍隊不願意接受幕府政治結束的現實，與支持新政的勢力展開了激烈的戰爭。幕末的動亂就以內戰的形式持續到明治時代初期。

＋ 日本史小提醒

　　新選組就是許多讀者熟知的新撰組。由於日文的選和撰同音，在史料記載以及當時的漢字使用上，都出現了混用的現象。就連新選組的局長近藤勇，也都曾使用過這兩種漢字表記方式。

幕末的動亂與大政奉還

反對幕府
擅自簽署條約

安政
大獄

公武
合體

幕府與
天皇家和親

❶ 薩長聯盟
❷ 幕府勢力下降

幕長
戰爭

尊王
攘夷

反外國勢力
➡ 反幕府

 大政奉還

第6章
近代：明治時代～昭和時代

明治維新之後建立的近代日本國家，對近代亞洲造成了深遠的影響。日本如何擺脫過去封建社會的色彩，脫胎換骨為東亞的大日本帝國，是本章最重要的核心。本章將從明治時期的富國強兵政策開始介紹，並帶讀者認識近代日本在政治、社會所面臨的各種處境。

大政奉還與王政復古

　　日本近代的序幕，正是由大政奉還所揭開的。1867 年，江戶幕府的第 15 代將軍德川慶喜上表宣稱將政權奉還朝廷。從此，幕府將軍不再是日本統治權力的擁有者，京都的天皇重新取回政治實權。

　　不過，這還不意味著幕府的消失。將軍之所以「奉還」政權，是因為理論上將軍的統治權力來自天皇的委任。奉還政權後的將軍仍是征夷大將軍，掌有軍權。直到德川慶喜辭去征夷大將軍的職位，才是幕府真正的終結。

　　幕末時期，面對外來的政治壓迫，日本國內對幕府政治產生了激烈的不滿。改革聲浪四起，各種不同的政治理論都被提出。其中，公武合體與尊王攘夷是最為重要的兩項政治思潮。這兩種政治思潮原本並不存在明確的對立關係。公武合體強調的是公家朝廷與武家幕府之間的和諧，而尊王攘夷一開始是以驅逐日本境內的外國勢力為目標。然而，隨著幕府對外關係的轉化，尊王攘夷派中的一部分，逐漸對幕府政治感到失望，成為了反幕府勢力，甚至是倒幕派。

　　在這樣的背景下，還政於天皇成為許多反幕府勢力的期望。透過王政復古，期待能夠建立起一個不一樣的日本。其中，長州藩與薩摩藩扮演了相當重要的角色。雖然在土佐藩的建言下，德川慶喜決定大政奉還，但一開始並未確立王政復古，也就是以天皇主政的政治形態。

　　當時，德川家的勢力仍在，他們期待能夠藉著諸侯的身分，建立一種共同商議政治事務的政治體制。對他們而言，大政奉還是一種避免內戰的方式，並不代表他們願意放棄數百年來的政治權力。

　　事實上，幕府方面的確曾擬定了一份改革性的政治藍圖：他們希望模仿西方國家三權分立的方式，由「公府」掌握行政權並暫兼司法權，由大名、藩士組成的「議政院」掌握立法權。按照這份計畫，公府的元首是德川家的領袖，也就是德川慶喜。換句話說，原本德川幕府是打算繼續尊天皇為象徵性的領袖，以新的政治體制掌握政權的。

　　不過，德川家的計畫始終沒有實現。在公家重臣岩倉具視等王政復古派公家的奔走下，薩摩藩、長州藩結成的薩長聯盟成為公家的打手，透過武力討幕的方式，成功地達成王政復古的目標。

　　王政復古，雖然名為復古，卻不是實際上仿照古代政治的作法。事實上，這些王政復古派的政治人物，期待的王政復古更像是一種革命。中世時期的建武新政，便是他們所期待的天皇政治。甚至，也有人提出「神武創業」的目標，期待明治天皇能夠打造新的日本，就像天皇家的始祖神武天皇一般，建立偉大而遺留千古的功業。

大政奉還與德川家的政治改革計畫

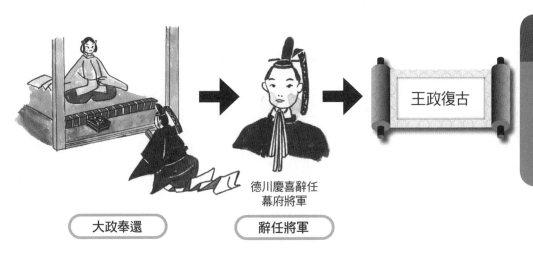

王政復古

德川慶喜辭任
幕府將軍

大政奉還

辭任將軍

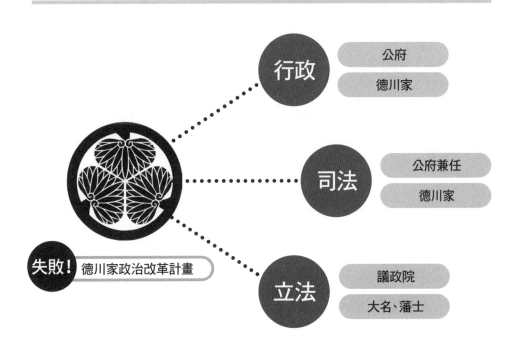

行政
公府
德川家

司法
公府兼任
德川家

立法
議政院
大名、藩士

失敗！ 德川家政治改革計畫

UNIT 6-2
戊辰戰爭

戊辰戰爭是日本近代最重要的一場內戰，這場戰爭的結果不但宣告了幕府勢力的終結，更說明了屬於明治政府的新時代的到來。

戊辰戰爭為時約一年半，自慶應 4 年（1868）一月起，直到明治 2 年（1869）六月才畫上句點。發生大規模戰爭的兩方，分別是支持明治政府的薩摩藩、長州藩以及由薩長聯盟所領導的新政府軍隊，與屬於舊幕府勢力的「奧羽越列藩同盟」。「奧羽越列藩同盟」指的是陸奧國、出羽國、越後國諸藩所結成的同盟。

1868 年四月，對於德川慶喜辭去征夷大將軍感到不滿的舊幕府軍隊，進入京都與支持朝廷、天皇的薩長聯盟新政府軍交戰。這就是戊辰戰爭的第一戰，鳥羽、伏見之戰。對於舊幕府軍隊來說，新政府所使用的新式槍砲是他們難以應付的，因此，這場戰爭相當慘烈。

之後，支持朝廷、新政府的「赤報隊」，開始向東前進，企圖在收集情報的同時，勸說各地諸藩支持新政府。不過，赤報隊的領導人物相樂總三卻在半途被處死，未能成功地完成任務。

與此同時，西鄉隆盛與勝海舟會面，希望能說服勝海舟打開江戶城，避免江戶城在朝廷與幕府軍隊的對抗下遭到嚴重破壞。同時，也是希望能夠減低無辜百姓的死傷。也因為這場會談，原本計畫要發動的江戶城總攻擊受到中止，最終得以藉由和平的方式「無血開城」。

不過，即使江戶城無血開城的目標達成，並不代表江戶城內的所有勢力都能夠接受這樣的結果。當時，就有幕府舊臣組織「彰義隊」，以上野為基礎，打算抵擋新政府軍。當時，上野地區主要是幕府重要寺院「寬永寺」的寺地，彰義隊正是以寬永寺為據點。當然，彰義隊最終還是不敵新政府軍，也在慘烈的戰事中劃下休止符。

之後，又歷經了長岡城之戰與會津之戰，舊幕府軍的抵抗依然持續。在奧羽越列藩同盟的根據地東北地區，新政府軍遭遇的情勢更加艱困。以會津之戰為例，當時，會津藩幾乎是全體動員抵抗，就連少年及女性都分別組織白虎隊、娘子軍上戰場。可想而知，最後一定也是相當慘烈的結果。白虎隊最後甚至集體自殺，拒絕接受敗戰的事實。

最後，舊幕府軍在箱館戰爭後不得不承認失敗。隨著五稜郭的開城，舊幕府軍已經失去抗戰的據點。戊辰戰爭到此才終於結束。

戊辰戰爭據點圖

1 1868 / 1   鳥羽伏見之戰

2 1868 / 1〜3   赤報隊東進

3 1868 / 3   江戶城無流血開城會談

4 1868 / 5   上野戰爭

5 1868 / 5〜7   長岡城之戰

6 1868 / 8〜9   會津之役

7 1869 / 5   箱館之戰

UNIT 6-3
明治維新

　　明治維新，指的是明治政府成立之後推動的一系列改革。明治時代的日本，作為國民國家而存在，與幕府時代的日本截然不同，政治上、社會上也因此有許多劇烈的變動。

　　首先，明治政府廢除了幕府、攝政、關白等職務，建立了天皇親政的政府。明治政府建立以前，日本處在極為混亂的局勢之中，重建日本也成為明治政府的首要之務。「富國強兵」、「殖產興業」是當時的具體目標，而「文明開化」便是明治維新中最為重要的核心價值。

　　要成為能與歐洲列強匹敵的國家，近代化是日本不能逃避的一條道路。不過，對於當時的日本而言，近代化是相當抽象的概念。怎麼樣才能帶領日本走向現代化的國家呢？明治政府選擇了一條相當明確的路線，那就是全面西化。當時，所有西方事物，幾乎都成為學習的對象。

　　首先，明治政府頒布了「斷髮令」，也就是要求人民要改變髮型，男子都得像西方國家男性一般剪短髮。同時，衣著上也以洋服為風尚，明治政府的官員就是以西裝造型為主的，燕尾服配上皮鞋也是當時可以見到的新式打扮。髮型、服飾上的變化，能夠讓人短時間在外型上脫胎換骨，相當符合明治政府的期待。

　　當然，不只是外表上，明治政府也期待國民能夠過著像西方人一樣的生活。江戶時代的日本，是少有肉食的，當時的飲食以海鮮、蔬菜為主。明治政府注意到西方人以肉食為主的飲食生活形態，也推廣西式的飲食文化。一時之間，日本街頭開始出現了壽喜燒、麵包、牛奶、啤酒等過去日本少有的飲食。不過，時至今日，這些食物對日本人而言一點也不陌生了，炸豬排、咖哩飯甚至成為很多日本人最熟悉的家常料理。

　　同時，明治政府也大量興建西式的建築，並在日本國內設立路燈、舖設鐵路。在國家的硬體建設上也以西方國家為榜樣，試圖打造一個如同西方國家一般的日本。「富國強兵」、「殖產興業」正是明治維新時期常見的口號，充分反映出當時日本國家對社會的期待。

　　需要注意的是，明治維新時期的日本並不是在一朝一夕之間脫胎換骨。明治維新的歷程相當長，決不是明治天皇即位時就立刻頒布的完整制度。以憲法的頒布為例，雖然早在明治初年就已有設立議會的聲浪，但制定議會的詔書要等到明治 14 年才頒下，「大日本帝國憲法」的頒布則要等到明治 22 年。也要等到憲法公布後，「帝國議會」才得以成立，日本自此成為亞洲第一個君主立憲制國家。

建立現代日本的明治維新

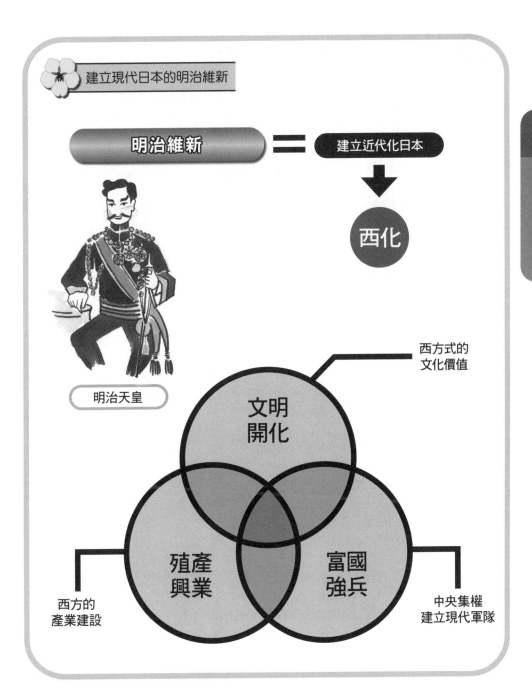

明治維新 ＝ 建立近代化日本

西化

明治天皇

西方式的
文化價值

文明
開化

殖產
興業

富國
強兵

西方的
產業建設

中央集權
建立現代軍隊

UNIT 6-4
版籍奉還與廢藩置縣

　　版籍奉還與廢藩置縣是明治時期相當重要的兩項政治改革，與明治時代日本作為近代國家的成立有很深的關聯。

　　首先，「版」指的是過去大名所掌控的土地；「籍」則是隸屬於大名的人口。對於現代國家而言，領土與國民是不可或缺的，明治政府在土地、人口都掌握在藩主手中的社會背景下，勢必得進行必要的政治改革。更何況，土地、人民也是經濟力量的來源，新政府要壯大自己的實力，必須掌握更多的土地與人口才行。

　　一開始，支持明治政府的薩摩藩、長州藩，大概是以金援的心態，將自己所有的一部分土地奉還給明治政府。這與所謂的版籍奉還仍有相當程度的差異。不過，隨著部分藩主在新時代中漸漸難以負擔與土地相應的經濟壓力，開始出現了主動奉還版籍的情形。明治政府趁機開始收回這些土地，並將原本世襲的藩主改為中央派任的知藩事。雖然歷經了一段混亂，但明治政府終究成功地推動版籍奉還，又朝向現代國家邁進了一大步。

　　繼版籍奉還之後，另一項重要的政治工程就是廢藩置縣。明治四年（1871）明治政府正式廢除了由藩所主導的地方統治制度。取而代之的是隸屬於中央的「府」、「縣」。很明顯地，廢藩置縣是以明治政府的中央集權化為目標。在版籍奉還以後，人民雖然在理論上從屬於國家，而不是地方政治勢力的私屬，但在實際層面卻仍受到過去的政治勢力所控制。直到廢藩置縣，中央政府才真正地得以掌握國家中的人民。換句話說，廢藩置縣可以說是日本近代最重要的政治改革，徹底改變了人民與中央政權的從屬關係。

　　不過，可想而知的是，廢藩置縣使得明治政府更加中央集權，犧牲的則是過去實際控制地方的大名。為了穩固這些既有政治勢力的向心力，明治政府採取了新的措施保障他們在社會上的特權。明治政府所構想的新制度就是「華族制度」。

　　簡單地說，華族制度就是在明治政府的控制下，有限度地對既有的政治勢力開放政治、經濟特權。舉例來說，在大日本帝國憲法公布後，華族與皇族都成為貴族議會的成員，其政治特權得到一定程度的保留。同時，華族的身分、財產都能夠世襲。雖然家族中不是所有成員都能享有同等的榮華富貴，但在動盪的明治時代，能夠憑藉著華族的身分安享政治、經濟特權，對於這些江戶幕府以來的舊勢力是相當有吸引力的。當然，華族所擁有的一切權力都來自明治政府。自此以後，再也沒有能夠威脅明治政府的地方政治勢力，打從平安時代中後期之後，就不斷被迫與武家勢力共享政治權力的中央政府，終於迎接了中央集權的時代。

版籍奉還與廢藩置縣圖解

 版籍奉還

 廢藩置縣

① 設立「府」「縣」

② 中央集權化

③ 事實上的地方統治

①

版 =

土地

籍 =

人民

② 土地、人民交還中央

③ 世襲藩主 ⇨ 知藩事

安撫地方勢力

華族制度

UNIT *6-5*
國家神道

在日本，處處都可以看到神社，比起其他宗教，神道更像是日本的傳統宗教。事實上，神道在日本成立的時間並不早，作為有體系的宗教，神道甚至晚於外來的佛教。

古代日本的信仰屬於多神的神祇信仰，遠從彌生時代開始，隨著農耕社會的出現，日本各地就開始出現了對土地神的祭祀。此時的祭祀並不以同一位土地神為對象，而是各地分立的諸多小國對各自土地神的祭祀，這樣的祭祀是紛歧而不具系統性的。對土地神的祭祀自然應與農業相關，以祈求豐碩的農業收穫為目的，值得注意的是，這些土地神的神威有一定的界限，通常以自然界線作為範圍。換句話說，古代日本存在著一個多神的宗教世界，眾多神祇各自有自己歸屬的領域，能力上也有限制的範圍，相互之間並不存在明顯的階層關係。這樣的神祇信仰就是神道的根源。

明治時期，國家神道取代了佛教成為國家意識型態的基礎。雖然大部分時期神道不被定義為宗教，但卻扮演著國教的角色。復古神道的天皇崇拜、儒學（水戶學）的國體觀念等強調日本國家主義的思想，都成為國家神道的重要成分。明治新政府的成立，即是以政教一致作為基礎。神社作為國家承認的唯一宗教，進入國家制度之中，國民都有參加國家祭祀的義務。其後，國家神道更進一步地脫離了「宗教」的範疇，成為國民教育的基礎。神道思想結合儒教倫理，作為國民道德的基本，國家神道實質上同時扮演著宗教、政治、教育等不同層面的接點。

透過國家神道的普及，天皇成為天照大神的直系子孫，依憑萬世一系的血統，作為現人神統治日本；日本國土也成為受到神祇保護的，不可侵犯的神國領域；甚至，天皇與國民之間就像父子一般，國民有向天皇盡忠盡孝的義務。

近代日本如此重視神道的同時，對於佛教則採取消極、毀滅性的態度。由於佛教已不再作為政治意識型態的思想來源，甚至可能抵觸、破壞日本作為神國的神聖性，明治政府首先頒布神佛分離令，取消過去天皇制成立以來的結合佛教與神祇信仰的作法，接著採取激烈的廢佛毀釋運動，大幅削弱了佛教在社會上的力量。從此，佛教僅能作為喪葬儀式的執行者，無法干預日本的政治事務。

日本是一個宗教性格濃厚的國家，政治、宗教之間經常維持著密切的互動關係。從天皇制的成立開始，佛教就是與國家、政治最為密切的宗教，直到明治時期，佛教才淡出政治舞台。日本的神道雖是最為傳統的信仰型態，作為宗教成立的時間卻相當晚，長期以來都作為佛教理論中的附屬而存在。

國家神道教為國家意識形態的基礎

政教一致

天皇的統治合理性

國家祭祀 ▶ 國家意識形態

國民教育基礎 ▶ 國民道德教育

UNIT 6-6
啟蒙思想的傳播

　　日本的啟蒙思想，一般認為是在幕末、明治時期開始展開的。在日本政治、社會的動盪不安下，面臨西方國家軍事、政治、文化的多方衝擊，日本開始面臨了急遽的轉變，許多思想家也在此時提出不同的思想、理論。

　　日本啟蒙思想的源流，大概還是與西方國家帶進日本的書籍有關。當時，最能夠在日本流通的外國書籍，應該就是具有實用功能的醫書。當時的知識分子透過荷蘭人作為媒介，認識到了西方國家的科學與知識，開始體會到在日本既有的學問之外，還有許多不為日本所知的先進知識存在。同時，西方國家的船堅砲利，也帶給對學問不一定特別重視的武士階級相當大的震撼。

　　而在黑船之後，日本社會對於西方國家的理解逐漸增加，知識分子特別注意到了西方社會中看待「人」的態度與日本的不同。換句話說，日本開始注意到了西方社會中的人文層面，而不再只是關心西方國家的軍事力量。在這樣的背景下，日本當地的啟蒙思想也開始萌芽。

　　需要注意的是，西方國家是先有了現代國家，才出現啟蒙思想。日本則不是如此。對於近現代的日本來說，啟蒙思想幾乎是與現代國家的建立齊步並進的。也因此，日本的啟蒙思想通常具有較強的國家主義傾向。

　　明治時代日本啟蒙思想的傳播，與明治政府所推動的文明開化有相輔相成的效果。首先，要塑造出現代國家的國民，就要帶給國民一定程度的教育。而啟蒙思想也相當重視啟發人民的知識。同時，人民應具備的知識是符合科學原理的，破除迷信也是啟蒙思想和明治政府共同努力的目標。

　　雖然啟蒙主義者和政府官員推動文明開化的目的未必一致，但兩者之間仍有相當程度的合作關係。當時，有大量教育一般民眾的書籍被出版，這些富有教育目的的著作，通常是以較為通俗的形式，向一般社會大眾傳遞訊息。撰寫這些作品的作者，正是明治政府所期待具有教育社會大眾重任的知識分子。當時，還有像福澤諭吉一般，提倡改用易於閱讀的新文體的思潮。啟蒙思想家急於透過出版來教化人民的意圖，相當地清晰可見。

　　不過，日本的啟蒙思想究竟不同於西方國家長期以來發展的結果。對於明治時代的社會來說，此時的啟蒙未必有著強烈的思考性，期盼人民反思人所處的社會、世界。某種程度上來說，明治時代的啟蒙思想仍是較為表面的，目標是讓一般民眾脫離江戶時代日本的氛圍，成為明治政府下的日本國民。

 日本的啟蒙思想

蘭學

日本啟蒙思想的源流

科學、知識

黑船

船堅砲利的西方國家軍事力量

西方社會的人文思想

日本啟蒙思想萌芽

文明開化

現代國家的建立

國民教育

日本啟蒙思想的國家主義傾向

出版

通俗教育性著作

易於閱讀的新文體

教化一般人民

UNIT 6-7
鐵道建設的開展

　　鐵道一詞，始自福澤諭吉的翻譯。明治維新當中，鐵道建設作為文明開化的一環，是政府致力投入的近代化建設之一。1872 年，行駛在東京新橋車站及橫濱站之間的路線，便是日本最早的鐵道路線。

　　幕末當時，幕府方面原本打算與美國合作，由美國管轄的方式，讓美國在保有經營權的前提下協助鐵道的建設。不過，明治政府卻不滿意這樣的作法。對於明治政府而言，打造一條由日本管轄的鐵路才是他們致力完成的目標。當然，明治政府不是不明白日本的工業實力及技術還不足以獨立完成鐵道建設。在合作的對象上，明治政府選擇與英國技術合作，成功地在短短數年內開始了第一條鐵道的營運。

　　由於首條鐵道相當受到好評，首年開始的營業額便相當驚人。建設、經營鐵道的利益，很快地就成為財閥不會錯過的目標。明治時代的日本，立刻就迎來了私人鐵道大幅建設的時期。

　　雖然日本國內也存在鐵道應由國家出資建設的聲浪，但此前的西南戰爭消耗了不少明治政府的財力。對於獨立建設鐵道這項大工程來說，明治政府恐怕是力不從心的。不過，政界的核心人物岩倉具視、伊藤博文都支持借用民間資金來加速鐵道建設。私人的鐵道公司，即現在日本仍經常使用的「私鐵」一詞，便成為當時熱門的事業項目。需要注意的是，當時多還是由政府介入民間資金的形式為主，純私人資金的鐵道仍較少。而後，由政府出資的國鐵也越來越多，最終演變成現在日本國鐵、私鐵複雜交會的局面。

　　到日本旅遊的時候，大概多少都會接觸到日本的 JR。JR 就是日本國有鐵道民營化之後的名稱。由 JR 營運的時速 200 公里以上的高速鐵道，就是所謂的新幹線。1964 年，首條新幹線開始行駛於東京、大阪之間，這條路線被稱作東海道新幹線，目前仍是旅客進出最頻繁的路線之一。

　　另外，1927 年設立的東京地下鐵道，也就是目前仍在營運的東京地下鐵銀座線，在上野與淺草之間行駛。此後，地下鐵成為都市通勤的重要交通工具。大阪的地下鐵也在 1933 年開始營運。

　　鐵道的建設，除了便利貨運之外，也大幅地改變了都市的生活方式。在日本的大都會，長途通勤是相當普遍的狀態。其中，最普遍的通勤手段就是搭乘包含地下鐵在內的鐵道。從東京地下鐵公開的各站單日平均利用人數，就可以看出通勤人數有多麼驚人。2014 年度，涉谷站單日進出人數高達 75 萬 3 千多人。而根據 JR 東日本的資料，同年度新宿站的單日進出人數也達 74 萬 8 千多人，其中，使用月票（定期券）者，更有將近 40 萬人之多。

　　鐵道對於日本社會的影響力實在不容小覷，從明治時代開始，鐵道的重要性大概也只是有增無減。

1892 年的全日本鐵路網

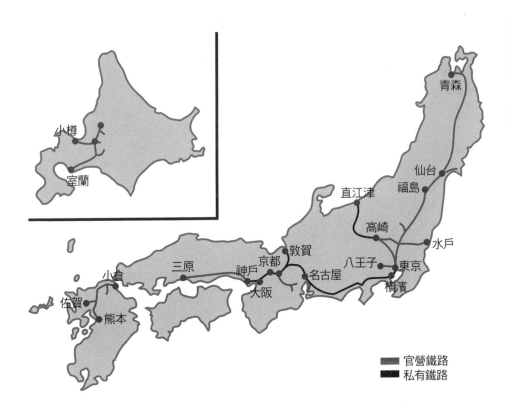

官營鐵路
私有鐵路

小樽

室蘭

青森

仙台
直江津　福島
高崎
敦賀　　　　水戸
三原　　京都　　八王子
小倉　　神戸　名古屋　東京
佐賀　　大阪　　　　横濱
熊本

UNIT 6-8
武士階級的不滿

　　明治時代初期，明治政府推動了一系列的政治改革，徹底改變了日本的政治、社會環境。隨著巨大政治變動的發生，可想而知必然有許多既得利益者的權力受到衝擊。在明治時代初期，對明治政府最容易抱有強烈不滿的，大概就是過去在幕府時代掌有政治、經濟特權的武士階級了。他們對於明治政府的新政，提出了許多反彈，甚至展開了不少反政府運動，這些對於新政治體制的反動，一般被稱作「士族反亂」。

　　這些既有的武士階級對於明治政府的不滿，大致以下幾點最為核心。首先，明治政府廢除了他們在社會中的優勢地位。明治政府在成立現代國家的首要政策中，廢除了長久以來在日本社會中屹立不搖的身分制，強調四民平等，所有人民都是直屬於天皇的日本國民。對於一直享有崇高社會地位的武士階級而言，將他們與農民、工匠、商人等一視同仁之外，就連賤民階級也成為在制度上與他們平起平坐的一群，實在是難以忍受的。

　　此外，不只在社會身分上的優勢地位遭到明治政府剝奪，武士階級的經濟也受到相當大的衝擊。武士階級的收入仰賴依政治階級而分配的俸祿，但在明治政府的「秩祿處分」之後，除了對於建立明治政府有功的少數士族以及華族之外，大量士族都失去了經濟來源。這樣的經濟衝擊對於武士階級來說，是相當難以接受的。

　　而在社會、經濟之外，還有一項新政策大大引起了武士階級的不滿。那就是明治 9 年頒布的廢刀令。廢刀令施行後，除了特殊場合，只有軍人、警察、官吏等隸屬於明治政府的成員可以佩刀，其他人皆不可佩帶，即便是武士也不例外。說到日本武士，大多數人都會想到他們腰間的佩刀。武士刀基本上可以說是如同武士分身一般的重要象徵，廢除武士佩刀的權利，大概是壓垮這些武士理智線的最後一根稻草。武士階級們對於明治政府的不滿日益升高，這些對明治政府提出抗議的武士，就被稱作「不平士族」。

　　事實上，武士的不滿並不只因為自己的權益受到剝奪。武士階級們一直以來接受的教育，與明治政府提倡的價值觀多有不同。對於這些武士而言，他們原本是社會中的指導者，朱子學是他們所奉行的重要價值。明治政府雖然重視儒家思想，但許多政策卻是全然仿效西方國家而來的。

　　以「文明開化」、「殖產興業」為口號，日本政府大力推廣西方的思想、文化及科學技術，社會急遽的變化也都使得這些武士階級難以適應。一些幕府時代的武士加入明治政府之後，很快地適應了新文化，以西服、短髮的樣貌活躍於政界，也使得某些較為保守的武士對此感到不滿。

　　相較於其他民眾，在幕府時代享有諸多特權的武士階級，似乎是最難適應明治政府新體制的一群。不過，他們畢竟也是過去最有政治、經濟實力的一群，武士階級的不滿，終究對明治政府帶來了一連串的動亂。

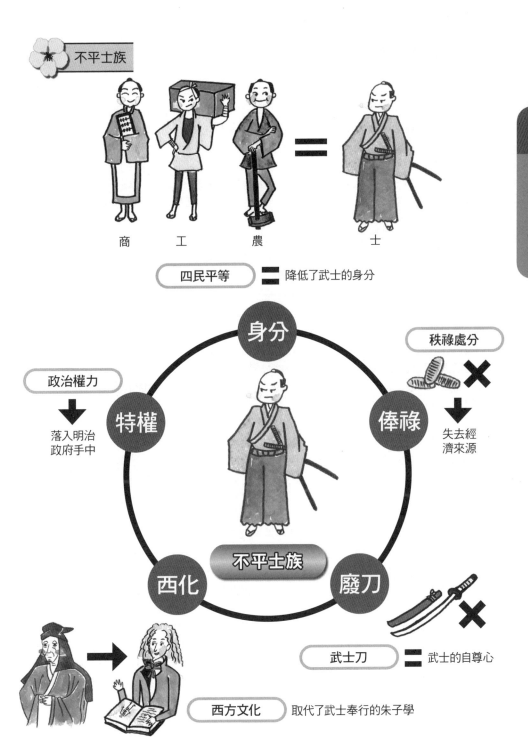

不平士族

商　工　農　＝　士

四民平等　＝　降低了武士的身分

身分

秩祿處分

政治權力
↓
落入明治
政府手中

特權

俸祿

失去經
濟來源

不平士族

西化

廢刀

武士刀　＝　武士的自尊心

西方文化　取代了武士奉行的朱子學

UNIT 6-9
征韓論及士族反亂

征韓論指的是明治時代初期，當岩倉具視使節團出訪歐美國家時，日本國內興起的征討韓國的政治主張。雖然此一意見沒有受到明治政府同意，對日本國內的政治生態卻造成了重大影響，是明治時代初期相當重要的政治事件。

對於一部分日本人而言，朝鮮半島被他們看作是日本自古以來的領土，當國家有足夠的力量時，就應該要積極地去「收復」這塊領土。這種政治意見，主要是江戶時代的國學者，根據《古事記》、《日本書紀》等古代史籍所詮釋的政治主張。在江戶時代末期，就開始有要出兵朝鮮報導的聲浪，但因幕末的動盪及明治政府的成立而暫告中斷。

當岩倉具視等人出使西方國家，日本國內的政務暫時交由留守的西鄉隆盛、板垣退助、江藤新平等人主導。征韓論的正式提出便是在此一時期開始的。對於這些主張征韓的政治人物而言，征服韓國不但有利於新成立的明治政府在亞洲建立威望，更可能緩解國內武士階級對明治政府所抱持的不滿。換句話說，一部分的政治人物似乎認為送這些不平士族上戰場，讓他們充分發揮武士的功能，便可以減低明治政府所面對的國內反對勢力。

值得注意的是，西鄉隆盛經常被視為征韓論的核心人物，事實上卻未如此。西鄉隆盛雖然的確認為明治政府應該將朝鮮半島收復為國土，但他提出的方式不是出兵攻打，而是要派遣使者說服朝鮮政界。同時，西鄉隆盛也毛遂自薦擔任出使朝鮮的使節。換句話說，西鄉隆盛並不是要「征韓」，而是要「遣韓」。

在岩倉具視等明治政府的核心政治領袖回到日本之後，無論是征韓還是遣韓，都受到這些剛剛回到日本的政治人物的反對。對於岩倉具視等人而言，日本即便開始了所謂的明治維新，在國家建設上仍遠遠落後西方國家。某種程度上，明治時代的日本根本無暇顧及海外，必須要以內政為首要優先的努力目標。明治政府兩派政治人物的意見相左，便導致了提倡征韓論等政治人物失勢下臺。這也是造成士族反亂的重要導火線。

1874 年，擁立江藤新平的佐賀之亂發生，這是明治政府透過徵兵制組織而成的國民軍首次平定的內亂。佐賀之亂主要是以佐賀藩過去的武士為核心，明治政府的國民軍卻能運用蒸汽船、電報的新技術應戰，反映出明治政府與既有武士階級的差距。此後，又陸陸續續發生了神風連之亂、秋月之亂、荻之亂等不平士族發起的內戰，都受到明治政府的鎮壓。

不平士族的最後一擊，也是士族反亂的高峰，則是 1877 年的西南戰爭。以下野的西鄉隆盛為核心，薩摩藩的武士們結合其他不平士族，發動了日本近代規模最大的一場內戰。雖然明治政府的國民軍終究獲得勝利，平定亂事，但過程中卻死傷慘重，消耗了政府大量的軍事實力。此後，對於明治政府的不滿雖然仍然存在，卻不再以內戰的形式發生，自由民權運動成為反政府運動最核心的訴求。

征韓派與明治政府的對立

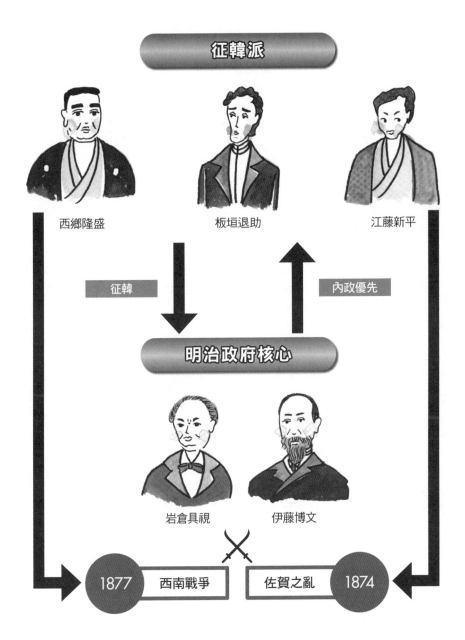

UNIT 6-10
帝國憲法的制定

　　帝國憲法，全名為「大日本帝國憲法」，於明治22年（1889）年公布，明治23年實行。由於是明治時代制定的憲法，又被稱作明治憲法。

　　大日本帝國憲法共分為七章，包括第一章「天皇」、第二章「臣民權利義務」、第三章「帝國議會」、第四章「國務大臣及樞密顧問」、第五章「司法」、第六章「會計」、第七章「補則」，共計七章76條。大日本帝國憲法公布之後，直到昭和22年（1947）年廢止為止，從未修訂。

　　明治八年，明治政府成立元老院以審議「國憲」草案。國憲可以說是日本憲法的前身，元老院的成員們參考西方國家的憲法，以君民共治作為其核心理念。不過，當時掌權的岩倉具視、伊藤博文等人，對於這份草案並不滿意，國憲也就付諸流水。

　　一開始，大隈重信希望學習英國式的議會政治，積極地推動議會政治。隨著大隈重信的失勢，制定憲法的主導權就落入岩倉具視與伊藤博文的手中。1882年，伊藤博文前往歐洲進行憲法調查，目的是為了在十年後能夠順利設置議會。在歐洲，伊藤博文接觸、學習到的是以普魯士憲法為基礎，君權強大的德意志帝國憲法。

　　回到日本之後，伊藤博文及隨行的考察人員皆認為德意志帝國的憲法是最適合日本的憲法，便著手打造以天皇為尊的大日本帝國憲法。同時，廢除了既有的太政官制度，以內閣制度取而代之。內閣長官為內閣總理大臣，由伊藤博文出任首任內閣總理大臣。之後，伊藤博文又創設樞密院作為天皇的顧問機構，自己擔任議長審議憲法草案。

　　大日本帝國憲法屬欽定憲法，也就是由君主制定的憲法，與民定憲法有著本質上的不同。同時，大日本帝國憲法也將國家主權歸於天皇，從憲法第一章第一條的內容就可以看出：大日本帝國由萬世一系的天皇統治之。天皇不但是國家的統治者，總覽大權，更是神聖不可侵犯的存在。換句話說，大日本帝國憲法明文地將天皇神格化。這也是明治憲法中最具有特色的部分。

　　大日本帝國憲法當中，也規範了以議會為代表的新政治體制。帝國議會分為貴族院、眾議院兩院，兩院的地位是平等的。不過，內閣並不需要對帝國議會負責，當議會否決內閣預算時，內閣仍然可以按照前一年度的預算施政。值得一提的是，貴族院的成員，原本就是由華族及敕選議員組成，但就連眾議院的選舉，也是有限制的選舉，而不是普遍選舉。

　　大日本帝國憲法雖然未必能夠符合當時知識分子對於憲政的期待，但終究是亞洲最初制定、實行的憲法，具有一定程度的時代意義。

帝國憲法的內容

補則

天皇

會計

臣民權利
義務

司法

帝國議會

國務大臣
及樞密顧問

貴族院

華族

敕選議員

眾議院

限制選舉

UNIT **6-11**
岩倉使節團

　　所謂的岩倉使節團，是指以岩倉具視（1825-1883）為全權大使，明治初年派遣到歐美國家的外交使節團。對於明治政府而言，岩倉使節團肩負著重大的任務，那就是改訂過去幕府和西方國家所簽訂的不平等條約。

　　明治政府成立後，為了擺脫幕府時代所留下的積弱不振的形象，相當熱衷於吸收西方的制度與文化。為了躋身近代化國家的行列，明治政府在各方面都努力向西方學習。岩倉使節團正是在這樣的背景下出發的。除了改訂條約之外，調查西方國家的政治制度、社會文化，也是岩倉使節團擔負的重要任務。

　　明治四年（1871），廢藩置縣之後，明治政府朝向國民國家邁進了一大步，決定要派遣使節團前往歐美執行前面提到的兩大任務。當時的右大臣岩倉具視被任命為特命全權大使，主導出使的任務。除了大使岩倉具視之外，還任命當時政界的重要人物木戶孝允、大久保利通、伊藤博文等人為副使，可以看出明治政府對於使節團的高度重視與期待。

　　使節團由東京出發，並從橫濱出海後，就直接航向美國。明治五年一月，使節團就抵達了美國首都華盛頓，會晤國務卿商討改訂條約事宜。雖然談判持續了相當長的時間，終究是未能如日本所願。使節團離開美國後，繼續航向英國，會見了英國維多利亞女王。在歐洲，使節團參訪了許多國家，法國、比利時、荷蘭、德國、俄國、丹麥、瑞典、義大利、奧地利、瑞士，幾乎踏遍了歐洲。由於使節團的行程相當長，這些重要的政治人物並不能夠放任國內的政務不管。木戶孝允、大久保利通先後提前返回日本，岩倉具視等人則繼續考察歐洲情勢。

　　岩倉使節團的主要任務，也就是修訂不平等條約一事，終究沒有成功。花費了大筆預算的長期外交活動並沒有得到預期成效，日本社會對此普遍感到不滿。不過，岩倉使節團對日本近代化的貢獻絕對不可否定。政治界的領導人物能夠在第一線長期地接觸不同於日本的西方文化，這是極為難得的。

　　回到日本之後的使節團成員，大力提倡要以內政改革為先，而不支持當時日本國內沸沸揚揚的征韓論，恐怕也是因為出使期間對於西方政治制度有著很深的體會吧。與使節團同時出發的，還有許多隨行的留學生。這些留學生返國之後也對日本的近代化做出了很大的貢獻。岩倉使節團最直接的目的雖然沒有達成，但以長程的角度來看，依然有相當程度的收穫。

　　有趣的是，作為大使的岩倉具視，在出國當初仍是穿著日本傳統服飾，髮型也依循傳統。其他的副使則大不相同，木戶孝允、大久保利通、伊藤博文等人都是短髮，並身著正式西服。到了美國以後，岩倉具視大概是感受到近代化的必要性，也剪了頭髮並以西裝革履的面貌出席公開場合。

岩倉具視使節團流程圖

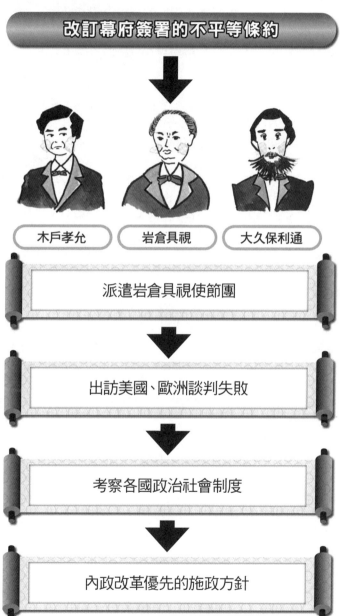

改訂幕府簽署的不平等條約

木戶孝允　　岩倉具視　　大久保利通

派遣岩倉具視使節團

出訪美國、歐洲談判失敗

考察各國政治社會制度

內政改革優先的施政方針

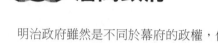

UNIT 6-12
藩閥政府

　　明治政府雖然是不同於幕府的政權，但政治、軍事力量卻仍掌握在過去地方上的藩主手中。特別是對於明治政府有功的薩摩藩、長州藩，幾乎是把持了政界、軍界中最高、最具影響力的職位。一般來說，藩閥政府或藩閥政治就是對於此一現象不滿而提出的批判。

　　事實上，藩閥掌握的絕對不只是政治界、軍事界中的高層。自幕府時期起，有力的大名底下原本就聚集了許多武士，這些武士在明治政府成立後，大多仍追隨過去的領導者。換句話說，當這些武士所跟從的大名在明治政府中取得權力、地位，武士們也經常作為其幕僚或是從屬人員，繼續活躍在中下層的政治、軍事體系之中。

　　要成為藩閥，不但要有雄藩出身的背景，還要有強大、明確的連結，才能使眾人一心，結成派閥。以薩摩閥來說，大久保利通、西鄉隆盛是核心的兩大人物。而在西鄉隆盛下野以後，薩摩閥的聯繫並未瓦解，大多數人繼續追隨大久保利通。少數跟隨西鄉隆盛的，也在西南戰爭中被殲滅。而在長州閥方面，木戶孝允一直是主要的領導人物。除了薩摩、長州之外，公家也有一定的勢力延續到明治政府之中。前面曾提到的岩倉具視，就是公家出身的重要政治人物。甚至，還有以岩倉具視為核心的小型派閥存在。

　　廢藩置縣以後，新的官制幾乎都由藩閥獨佔，藩閥政府成為政治上的現實。明治 18 年開始實施的內閣制度，更是在制度上保障了藩閥的力量。內閣總理大臣、國務大臣、元老等要職都由藩閥出任。從歷屆內閣總理大臣的名單中，不難發現薩摩藩、長州藩的勢力有多麼難以動搖。長州藩出身者有 5 位 11 任，薩摩藩出身的也有 3 位 5 任之多。

　　而在軍事方面，一般來說，海軍是掌握在薩摩藩手中，陸軍則是由長州藩控制。不過，這當然只是一個印象式的區分，決不是說薩摩閥出身者，就沒有機會進入陸軍。同時，警察的勢力也是主要由薩摩閥掌控。不能想像對於當時的社會而言，這些藩閥到底有多大的影響力。

　　正因為藩閥的勢力太過強大，許多政治上的改革也是以打倒藩閥為目標。藩閥政治所體現出的寡頭政治，並不符合知識分子對民本主義社會的期待。某種程度上也與明治政府中央集權的期望背道而馳。

　　對於以憲法為根本的議會政治而言，藩閥就像是舊社會的遺毒，必須加以拔除，否則日本始終不能擺脫過去的陰影。大正民主正是以打倒藩閥為核心的號召，期待能夠建設出真正以民為本，以法治為依歸的近代國家。

藩閥政府的勢力

藩閥政府

內閣總理大臣
海軍

薩摩藩

長州藩

內閣總理大臣
陸軍

代表
人物

代表
人物

大久保利通

西鄉隆盛

木戶孝允

UNIT **6-13**
對外戰爭

　　明治時代，隨著日本富國強兵政策的成功，明治政府發起了數起對外戰爭，試圖要擴大日本的版圖，建立如同西方國家一樣的帝國。

　　1876 年，明治政府以前一年的江華島事件為藉口，要求朝鮮王朝與日本簽訂「日朝修好條規」。這是日本政府擬定的不平等條約，也是日本在幕府末期被迫簽訂不平等條約之後，第一次調換立場，成為壓迫他國簽訂條約的國家。此後，由於朝鮮王國內部親清派與親日派的對立，發生了壬午事變，日本趁機將軍隊駐紮於漢城（現在的首爾）。

　　此後，歷經了第二次的親日派與親清派對抗，藉著漢城條約的簽訂，日本駐軍漢城一事得到承認，奠下了日本在朝鮮半島進行軍事行動的基礎。特別是，在伊藤博文與李鴻章簽訂天津條約之後，日本雖然和清廷一樣從朝鮮半島撤兵，卻獲得出兵朝鮮半島時互相事先通告的權利。換句話說，過去清朝屬國的朝鮮王朝，已經不再專屬於清廷。日本也有同樣平等的出兵的權利。

　　1894 年，朝鮮半島南部發生東學之亂，朝鮮政府要求清朝派兵支援。同時，清廷也知會日方，明治政府趁機出兵朝鮮半島，這就是中日甲午戰爭。戰後，馬關條約（日本稱「下關條約」）的簽訂不但賠款，承認了朝鮮獨立，更割讓遼東半島、臺灣、澎湖。

　　不過，由於俄國擔心遼東半島、朝鮮半島的利益全被日本獨佔，便聯合德國、法國，要求日本歸還遼東半島。此後，日本、俄國在朝鮮半島政治上的衝突上升，也埋下了日俄戰爭的導火線。

　　後來，果然因為遼東半島及朝鮮半島的利益問題，日本與俄國開戰。日本在朝鮮半島仁川登陸後，雙方宣戰。之後，日本渡過鴨綠江，佔領了遼東半島，設立滿州軍總司令部。接下來數個月，激烈的戰爭一直持續著。黃海海戰、遼陽會戰、沙河會戰，目標都是要打下旅順，最終，日俄兩國的主力戰在奉天發生，接著又在日本海進行海戰。日俄戰爭不僅有激烈的陸地戰，還有慘烈的海戰。在日本登陸樺太島後，藉著美國居中斡旋，兩國決定談和，並在美國簽訂樸茨茅斯條約。

　　在樸茨茅斯條約簽訂後，日本實際上取得了朝鮮半島的控制權。日俄戰爭爆發後，日本就已與朝鮮王朝簽訂日韓議定書，約定提供日本必要的土地徵用。之後更簽署了日韓協約，要求設置日本政府推薦的財政、外交顧問。而在日俄戰爭勝利後，日本便與朝鮮王朝簽訂第二次日韓協約，將之納為保護國。

　　在明治政府的對外戰爭中，朝鮮半島一直占有重要的影響力。無論是中日甲午戰爭還是日俄戰爭，事實上都是因日本在朝鮮半島的利益而起。因此，在這些對外戰爭的勝利後，日本積極地將朝鮮半島一步步納入手中，或許也就不會如此令人感到意外了。

中日甲午戰爭與日俄戰爭路線圖

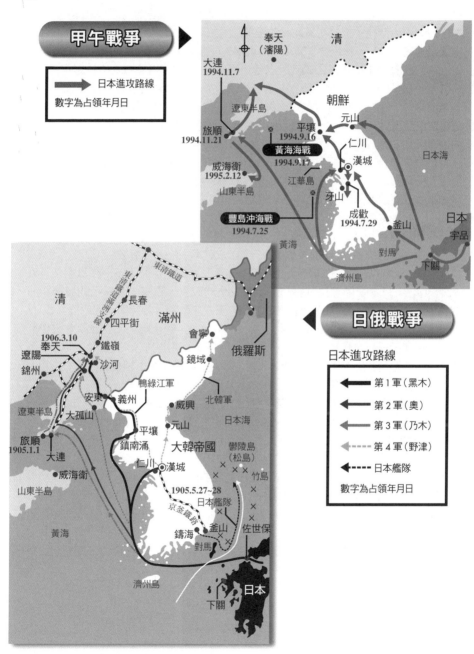

甲午戰爭 ▶

日本進攻路線
數字為占領年月日

奉天（瀋陽）
清
大連 1994.11.7
遼東半島
朝鮮
元山
旅順 1994.11.21
平壤 1994.9.16
仁川
黃海海戰 1994.9.17
漢城
威海衛 1995.2.12
山東半島
江華島
牙山
日本海
豐島沖海戰 1994.7.25
成歡 1994.7.29
釜山
日本 宇品
黃海
對馬
濟州島
下關

◀ **日俄戰爭**

日本進攻路線
← 第1軍（黑木）
← 第2軍（奧）
← 第3軍（乃木）
← 第4軍（野津）
← 日本艦隊
數字為占領年月日

東清鐵道
東清鐵道（滿洲支線）
清
長春
四平街
滿州
會寧
1906.3.10
鐵嶺
奉天
沙河
鏡域
俄羅斯
遼陽
錦州
鴨綠江軍
威興
北韓軍
安東
義州
日本海
遼東半島
大孤山
平壤
元山
旅順 1905.1.1
大連
鎮南涌
大韓帝國
鬱陵島（松島）
威海衛
仁川
漢城
竹島
山東半島
1905.5.27~28
日本艦隊
京釜鐵路
黃海
鑄海
釜山
佐世保
對馬
濟州島
日本
下關

UNIT **6-14**
政黨政治

　　日本的政黨政治始於明治七年（1874）由板垣退助等人組織的「愛國公黨」，這是日本最初的政治結社，也是政黨政治的濫觴。

　　愛國公黨成立之初，就是為了闡揚天賦人權的理念，主張政治不應由官員獨斷獨行。愛國公黨向政府提出的「民選議院設立建白書」，對此後的日本政治造成相當大的影響，引發了日後的自由民權運動。不過，愛國公黨的理念對於當時的日本而言，或許還太過前衛，一年之後就消失在政治舞台上。值得一提的是，愛國公黨的消失不代表民選議會的重要性不被認同，各地開始出現了要求設立民選議會的聲浪。

　　明治14年，過去組織愛國公黨的板垣退助再度組織新的政黨，名為自由黨。同時，還有大隈重信為核心的立憲改進黨。這兩個政黨都已不再是過去愛國公黨的規模，而是全國性的政黨，可以說是真正揭開了日本政黨政治的序幕。

　　自由黨及立憲改進黨都以立憲政治為目標，但自由黨較為激進，改進黨則相對穩健。無論如何，提倡立憲政治無非是與當時掌權的藩閥作對，為了嚇阻自由黨以及立憲改進黨，藩閥政府也組成了立憲帝政黨，試圖要與另外兩黨抗衡。不過，政黨政治或許始終不是藩閥政府擅長操作的政治手法，立憲帝政黨很快就告解散。

　　當然，飽受政府及當權者刁難的自由黨及立憲改進黨，也並不是一帆風順。直到明治22年公布大日本帝國憲法，確立了帝國議會的設立，政黨才有真正的發展空間。自由黨與立憲改進黨合作，終於踏進了議會，正式在政治上開始與藩閥政府對抗。

　　由於當時還不是國民普選，擁有選舉權的都是地主、資產階級，要在議會當中反抗藩閥政府，並不是一件容易的事。對於藩閥政府而言，議會中的決議就像是辦家家酒，並不會實質影響到政府的決策與施政。不過，政黨巧妙地運用了議會對預算的影響力，逼迫政府不得不正視政黨的訴求。

　　在米騷動之後，原敬組成內閣，首次實現了政黨內閣。雖然不是每一次的政黨內閣都能順遂，但終究是實現了政黨政治的可能性。由貴族組成的內閣已無法再說服日本社會中的一般人民。特別是在大正民主以後，自由、民主的風氣更加高昂，政黨政治也是在這樣的背景之下越加茁壯。

　　大正年間，普選制實現以後，議會與國民之間的關係更為密切，替底層人民發聲的社會主義政黨也蓬勃發展。然而，政黨的大量出現，以及政黨之間理念的相互傾軋，也使得個別政黨的力量慢慢開始變得薄弱。很多政黨已經無法對實際的政治造成影響。

　　到了昭和年間，政黨政治開始沒落，軍人的勢力具有強大的影響力。逐漸地，軍部成為了主導政治的機構，也招致了此後戰爭的發生。

藩閥政府與政黨的對立

藩閥政府 政黨

愛國公黨

最初政治結社　　　天賦人權

全國性政黨的出現

自由黨　　　立憲改進黨

藩閥政府的反制

立憲帝政黨　　　對抗政黨的政黨

帝國議會

自由黨與立憲改進黨的合作

普選制的實現

社會主義政黨的發展　　　政黨政治的沒落

UNIT 6-15
米騷動

　　米騷動的意義從字面上就相當容易理解，也就是因為米價攀升造成人民不滿而導致的群眾運動。由於米是日本社會中不可或缺的重要物品，因米而產生的動亂也就不可勝數。不過，現在通常特定指稱大正 7（1918）年所發生的大規模動亂。

　　通常，米價攀升的原因都是因為天災歉收，稻作供不應求。不過，大正年間的這場米騷動，卻不是因為氣候等自然因素而導致。自從第一次世界大戰以來，日本的稻米大量向外出口，米價就已經開始逐步上揚。同時，更有不肖商人看準了稻米的經濟利益，大量囤積稻米，進一步炒作米價。而在這樣的背景之下，日俄戰爭更是讓米價衝破了可以忍受的範圍。

　　每逢戰爭，軍糧都是最重要的資產。當戰事可以預期時，作為軍糧的米糧價格也一定會水漲船高，甚至由官方授意囤積，大大地衝擊到一般民眾的生活。當日本政府宣布將出兵西伯利亞，日俄戰爭的發生已是可以預料到的。米價立刻飆升，新聞也不斷地報導稻米價格將持續上漲。終於，日本社會中一直以來被壓抑的混亂浮上檯面，人民開始抗議米價，要求要以合理的價格販售稻米。

　　當然，商人不會放過稻米可能帶來的利益，不願意調降米價。對此，日本各地的民眾展開了包圍穀倉、阻止稻米運輸的行動。最早，是在富山縣的女性聚集在海邊阻止米糧的運送，同時，她們也要求這些囤積米糧的商人能夠秉持良心，用合理的價格出售米糧給一般人民。後來，這樣的抗議延伸到了周遭地區，並受到新聞媒體的大幅報導。各地的人民因此串連，出現了全國性的示威抗議。其中，京都、名古屋等大都市首先響應，包括首都東京在內的其他地區也紛紛加入了抗議的行列。

　　參與這些示威抗議的民眾，主要是社會中的藍領階級以及所謂的「被差別部落民」。這些人群在日本社會中原本就較為弱勢，不受到掌權的政治菁英重視。在米價高騰的社會現實下，他們也是受害最深的一群。不過，當他們串連起來，政府就無法無視他們的存在。各地的米騷動總計有大大小小數百起，參加者更達到數百萬人之多。日本政府好不容易才控制住了局勢，而米騷動已確確實實地讓社會各階層正視到政府之中存在的問題。

　　米騷動之後，政界對於內閣普遍不滿，社會中更是批判內閣中不存在人民的聲音。當時的內閣掌握在具有貴族身分的華族手中，與一般人民及社會現實保持了相當大的距離。而在米騷動之後，內閣總辭，繼任的則是眾議院議員出身的首相原敬。日本的政治終於稍稍地脫離了既有貴族的掌控，而走上了政黨內閣的道路。

> **✛ 日本史小提醒**
>
> 　被差別部落就是過去的賤民部落。明治維新之後，廢止過去的賤民制度，理論上將所有人民平等視之。事實上，這些部落民在社會中仍受到相當大的歧視。日文的「差別」即是歧視之意。

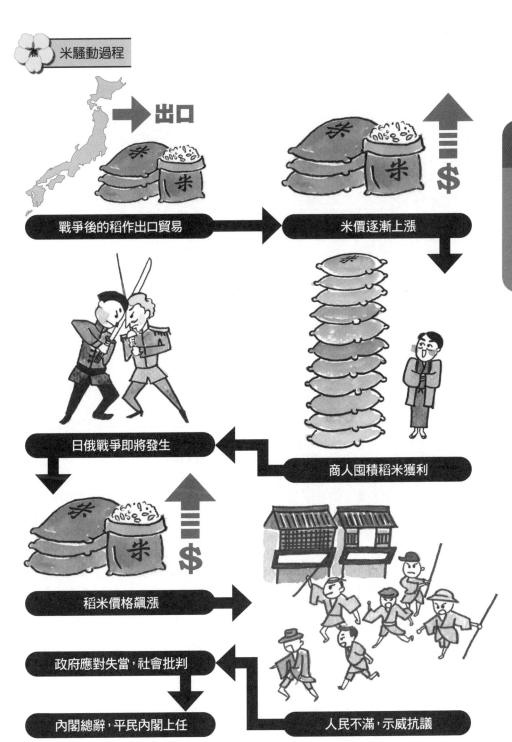

米騷動過程

戰爭後的稻作出口貿易

米價逐漸上漲

商人囤積稻米獲利

日俄戰爭即將發生

稻米價格飆漲

政府應對失當，社會批判

內閣總辭，平民內閣上任

人民不滿，示威抗議

UNIT *6-16*
大正民主

　　日俄戰爭以後，日本社會瀰漫著一股自由主義的氣氛，這種以政治為核心，而在社會中各層面都帶著民主主義色彩的現象，被稱作大正民主（大正デモクラシー）。民主（デモクラシー）雖然是當時流行的詞語，不過，「大正民主」這個名詞並不存在於當時，而是 1950 年代學者為描述此一現象所創造的詞彙。

　　大正民主涉及的面向相當多，可以說是相當普遍的社會現象。在第一次世界大戰前後，聯合國所提倡的「民主主義」、「和平主義」都對日本社會逐漸造成了影響。很多知識分子開始在社會中醞釀符合此一思潮的政治主張，對於普通選舉制度的要求就是其中特別顯著的一個例子。眾議會選舉中對於選舉資格的要求，已經無法讓日本國民滿意，開始出現各種社會運動呼籲政府要正視國民的意見。同時，集會自由、結社自由也是此一時期社會運動的訴求之一。

　　除了普通選舉制度、集會結社自由等內政方面的訴求，大正時代的日本社會也開始反思戰爭的意義。正如日俄戰爭對日本社會的衝擊以及米騷動所象徵的社會反應，當時的日本社會中，開始出現不少重新審視對外戰爭意義所在的聲浪。對於一般人民而言，戰爭所造成的生活負擔是相當難以負荷的，更何況當時日本國內尚有許多未解決的社會問題存在。每逢戰爭，日本國民就得繳納戰爭期間的「非常特別稅」，戰事拖得越久，繳納期間就越長，甚至還可能增加新的稅目以因應軍費所需。希望政府停止對外戰爭，而能多專注於內政，以改善日本社會，使日本國民的生活更好的意見也開始出現。

　　舉例來說，性別平等、被差別部落都是明顯的社會問題。這些日本國內的問題決不可能藉由對外戰爭的勝利而得到解決。日本政府急於擴張日本在國際上、外交上的地位，卻無暇顧及升斗小民的生活，對於一般民眾而言是相當難以接受的。畢竟，只有極少數的大財閥可能大發戰爭財，一般人民都只會是被剝削的對象而已。

　　明治時代以來，隨著文明開化、啟蒙主義的發展，日本社會早已不再是過去民智未開的社會了。特別是生活在都市中的人民，對於民主的認識漸增，就更加地不能接受政府無視民意的作為。這種瀰漫在都市中的反政府氛圍，也出現在文藝界的活動。平塚雷鳥成立的「青鞜社」，是致力於解放女性的文學性啟蒙思想組織，對於女性文學有很大的意義。同時，以武者小路實篤等人為代表的，富個人主義的「白樺派」作品也是此一時期重要的代表文學創作。

　　日本的社會主義活動，在大正民主時期相當的活躍。參與者雖然未能擴及社會各階層，但對社會中不同領域都造成了深遠的影響。直到現在，日本的左派都仍保有獨自的舞台。追本溯源，大正民主的影響力絕對是不能被忽略的。

大正民主所帶來的社會意識

```
          和平        民主
          主義        主義

❶ 反對外戰爭                      ❶ 普選
❷ 內政導向                        ❷ 集會自由
                                  ❸ 結社自由

          藝文        改善
          思想        社會

❶ 女性文學                        ❶ 性別平等
❷ 個人主義文學                    ❷ 被差別部落
```

平塚雷鳥成立的「青鞜社」，是致力於　　富個人主義的　　　　　性別平等
解放女性的文學性啟蒙思想組織。　　　　「白樺派」作品。

北海道以宜人的自然景色聞名，是相當受到歡迎的渡假勝地，更是許多臺灣人前往日本旅遊的首選之地。作為日本列島的主要四大島之一，北海道真正加入「日本」的時間其實相當晚近。在漫長的歷史中，北海道一直與日本其他地域保持著一定的距離。

北海道過去被稱為「蝦夷地」，因為居住在當地的人群是「蝦夷」。不過，這是站在「和人」，也就是一般所認識的日本人的角度所使用的名詞。北海道的原住民為愛奴人（アイヌ），他們有自己的語言，將自己居住的地域稱為 ainu mosir，也就是「人類居住之地」的意思。

從舊石器時代開始，北海道就已經有人類活動的痕跡，也有不少繩文時代的考古遺跡被陸續發掘。不過，接下來的發展，北海道卻與本州以南的日本大不相同。之前曾經介紹過，在繩文時代之後，日本進入了彌生文化時代，開始了農業的發展。同一時期的北海道，卻沒有受到彌生文化的影響，依舊持續著以漁獵採集為主的生活。之後，北海道陸續經歷過擦文文化（以擦文式陶器為代表的文化）、鄂霍次克文化時期等不同影響，在十三世紀左右進入了愛奴文化時代。

不過，北海道決不是和日本其他地區毫無接觸的。在古代史籍當中，就可以看到不少和北海道地區人群交易的記載。早在《日本書紀》中，北海道就以「渡島」之名出現。渡島的居民，和日本本州東北部的人群一樣，被稱作「蝦夷」。

日本本島和北海道有著較為密切的來往，要等到中世時期之後松前藩在北海道開始活動。當時，漸漸有日本人渡海前往北海道開發，與當地人民也發生不少衝突。後來，日本人在北海道南部建立據點，相較於蝦夷居住的蝦夷地，這些日本人控制的區域就被稱作「和人地」。透過這些據點的建立，北海道商業活動漸趨發達。

在幕末的動盪時期，北海道地區也受到一定的影響。明治政府成立後，甚至有舊幕府軍隊在這裡成立「蝦夷共和國」，要與明治政府對抗。而正是在平定了蝦夷共和國之後，明治政府根據古代律令的地方行政原則，將蝦夷地設為「北海道」，底下再細分為 11 國 86 郡。正式開始對北海道的統治與開發。北海道之名，也就是在 1869 年才成立的。

此後，明治政府大量鼓勵日本人民移住北海道，以促進北海道的開發與建設。當時，北海道有大約七成左右的人口來自本州鄰近的東北、北陸地區，徹底改變了北海道的人群結構，也對當地的文化造成相當大的影響。現在，愛奴文化、愛奴語言的保護政策，成為北海道政府努力的目標。

 北海道的發展

北海道旗

1、獨立發展時期

 ① 漁獵採集為主的續繩文文化時代

 ② 擦文文化時代

 ③ 受北方影響的鄂霍次克文化時期

2、愛奴文化

① 目前北海道的原住民文化

② 十三世紀後成為當地主流

3、和人地

① 松前藩的開發

② 商業據點的設置

4、蝦夷共和國

蝦夷共和國國旗

① 舊幕府軍隊的據點

② 尚未納入明治政府體系

5、明治時代

① 成為地方行政單位

② 大量本州居民移住

③ 愛奴文化、語言受到衝擊

191

UNIT 6-18
資本主義與財閥

　　財閥一詞，相信大多數的讀者都不陌生。在日本歷史上，財閥專指第二次世界大戰之前，特定的家族多方面的掌握日本經濟利益，具有難以動搖的經濟影響力的現象。

　　自江戶時代開始，日本的商業便越來越發達，有許多豪商的存在。這些大商人不但擁有大量的資產，在社會中也有相當程度的影響力。不過，江戶時代的這些豪商，大概都無法列入我們現在所熟知的財閥之中。最重要的原因，就是很少有豪商能夠安然度過幕府末期社會動盪所帶來的衝擊。特別是，江戶時代的商人大多是以地方為根據地，與各地的大名存在密切的關係。就算能夠順利地熬過幕末各地戰爭所帶來的破壞，在明治時代初期地方政治力量的改組時，大概也會受到相當大的影響。當時，許多商人都因為藩內的債務無法清償而破產。換句話說，所謂的財閥，大概都是在明治時代初期大量累積財產而形成的。

　　在當時，最賺錢的生意大概有兩種。一種是支持特定的政治人物，或是和明治政府交易，透過緊密結合的政商關係，累積更多的財富。另一種，則是與近代工業息息相關的礦業。

　　「住友」就是以礦業起家的，透過採礦的事業取得一定程度的商業利益後，再拓展其他事業而成為財閥。「三井」、「三菱」、「安田」則是明治政府的商業往來對象，透過和政府做生意，賺進了大把鈔票。其中，也有複合式發展的例子。例如三井原本就是江戶時代的豪商，雖然一度喪失了大量資金，但先是和明治政府合作，之後再投入礦業，終究成為了財力驚人的財閥。

　　這些大財閥和政府關係密切，當明治政府推動富國強兵的政策時，他們自然也不會毫無動靜。重工業的發展，正是這些財閥新開發的重要事業項目之一。三井的電機、紡織事業、三菱的造船事業、住友的煉鋼廠等等，都是當時受到明治政府支持的重工業項目。

　　而之前曾經提到的銀行，則是攸關這些財閥進一步發展的重要指標。明治時期就成立銀行的財閥，如三井、三菱、住友、安田等，可以說是佔盡了資本主義發展的先機。銀行所能帶來的巨大商業利益，和重工業等產業畢竟是不同的。同時，「商社」也是這些財閥瞄準資本主義發展而成立的事業項目。透過海運，甚至可以開始發展大規模的國際貿易。

　　第二次世界大戰後，有些財閥不敵社會的變動而縮小了經營的規模，但也有不少財閥能夠屹立不搖。臺灣商界也相當熟悉的三井、三菱、住友等公司，便是這些財閥日後改組為企業經營的成功例子。

財閥的形成

經營競爭者互相協調價格以確保利益

藉由合併等方式控制同性質競爭經營者

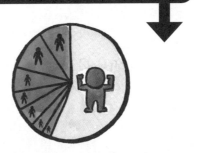

以股份操控各產業包括上游企業及子公司

財閥的形成

UNIT *6-19*
近現代的教育

　　明治政府成立之後，日本開始出現了國民教育，隨著政治、社會環境的變化，學制及教育內容也有不少變動。

　　1871 年，明治政府設置了文部省，這是由傳統的「大學」轉型而成的近代教育行政機構。文部省負責日本的教育、學術事務，直到 2001 年改組為文部科學省。隔年，明治政府公布了新政府的學制，基本上以法國式的教育制度為仿效對象。這套明治時代最初的教育法令，將日本分為大大小小的學區，雖然設定了小學校、中等學校、師範學校、職業學校等不同教育機構，卻未能成功推動。

　　1879 年頒布的教育令，廢止了學區制，改採美式的地方自治教育。相較於中央集權式的學制，教育令允許各地擁有一定程度的彈性與自由。同時，教育令也規範了義務教育的年限，所有學齡中的國民，都必須接受 16 個月以上義務教育。不過，教育令公布一年後，明治政府又將教育令改回較為中央集權式的制度。

　　1886 年，由帝國大學令、師範學校令、小學校令、中學校令等個別敕令合稱而成的學校令公布，將義務教育的年限延長為四年。同時，還透過教科書檢定制度，確保國家主義性的教育制度能夠有效施行。這種國家主義式的教育，可以說是明治時代教育制度相當核心的理念。明治天皇在 1890 年發表「教育敕語」，內容就包含了要求國民「忠君愛國」的國家主義理念。

　　繼學校令之後，陸續又有高等學校令、高等女學校令、實業學校令、專門學校令等不同教育政令頒布，日本的教育制度開始漸趨完整。1903 年開始實施的國定教科書制度，則是繼教科書檢定制度後，國家對教育制度中所使用的教科書更進一步的規範。

　　1907 年，日本義務教育的年限再次延長，由四年延長至六年，1941 年則又延長至八年，包含六年的國民學校初等科及兩年的高等科。隨著義務教育制度的修正，日本政府也著手於義務教育的實質普遍性。根據日本政府的統計，日本小學校的就學率在 1911 年已高達 98%，是相當驚人的數字。

　　到了昭和時代，當日本邁入戰爭體制，日本的教育制度也隨此一社會劇變而調整。首先，教育制度中更加強調國家的重要性。1937 年，文部省發行《國體的本義》，透過官方的文教機構，宣傳國家主義思想。當中，特別強調君臣大義，向日本國民宣導為國奉獻的義務。

　　而在第二次世界大戰後，日本的教育目標由國家主義轉向民主式的教育。配合日本戰後的重建，平等的受教權以及男女合校的基本教育原則成為戰後日本教育改革的目標。

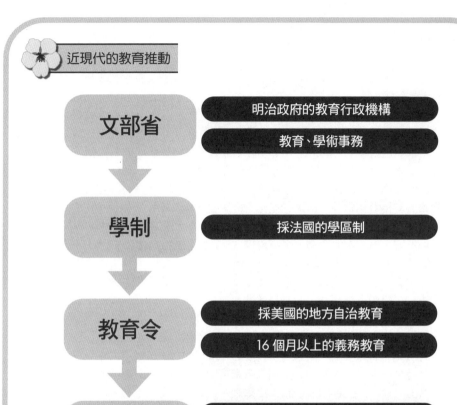

近現代的教育推動

| 文部省 | 明治政府的教育行政機構 |
| | 教育、學術事務 |

| 學制 | 採法國的學區制 |

| 教育令 | 採美國的地方自治教育 |
| | 16 個月以上的義務教育 |

| 學校令 | 由多項敕令合稱而成 |
| | 四年的義務教育 |

| 教育敕令 | 國家主義式教育 |
| | 忠君愛國思想 |

| 義務教育 | 義務教育陸續延長為 6 年、8 年 |
| | 高就學率 |

帝國大學的設立

　　帝國大學是日本最高的教育、研究機構，日本在各地所設立的帝國大學，直到今日仍有相當大的影響力。

　　日本曾設立九所帝國大學，其中七所位於日本本土，兩所位於海外殖民地。一開始，「帝國大學」是專有名詞，指的正是由明治 10 年（1877）年在東京設立的日本唯一一所大學，也就是現在的東京大學，與工部大學校合併而成的新機構。配合 1886 年頒布的「帝國大學令」，這所大學就被稱作帝國大學。

　　之後，關西地區的有識之士也希望能夠成立一所媲美帝國大學的高等教育機構。雖然這項議案的支持者相當多，卻遲遲沒有設立。直到中日甲午戰爭以後，日本政府才將馬關條約中承諾的賠償金一部分作為關西地區帝國大學設立的經費。終於在 1897 年成立京都帝國大學。由於帝國大學不再只有一所，自然也不能作為專有名詞使用，位於東京的帝國大學，就改稱為東京帝國大學。

　　進入二十世紀以後，日本國內各地持續出現呼籲成立帝國大學的聲浪。當然，要成立一所大學，得花費大筆預算，並不是各地都能如同東京、京都一般順利籌建大學。再加上，當時也有學者指出日本國內並不需要這麼多的大學，比起在各地興建高等教育機構，廣設專門學校更符合日本的社會現實以及殖產興業的期待。

　　最後，在各地捐款的資助下，東北帝國大學終於在 1907 年成立。不久之後，九州帝國大學也得以設立。不同於中央主導的東京帝國大學及京都帝國大學，東北帝國大學、九州帝國大學的成立都相當依賴民間捐款。北海道地區過去曾有東北帝國大學的分校，後來也成功獨立成為北海道帝國大學。北海道帝國大學也是大正年間唯一在日本本土設置的帝國大學。除了以上列舉的大學以外，昭和年間仍有帝國大學陸續成立，分別是 1931 年設立的大阪帝國大學以及 1939 年設置的名古屋帝國大學。

　　當然，臺灣人都很熟悉的「台北帝國大學」，也就是現在臺灣大學的前身，也是在日本時期作為海外的帝國大學而成立的。不過，1928 年成立的台北帝國大學並不是日本第一所海外帝大。1924 年，日本在首爾成立「京城帝國大學」，「京城」是首爾特別市當時的名稱。京城帝國大學由朝鮮總督府管轄，正如同台北帝國大學隸屬於臺灣總督府，而京城帝國大學也是現在韓國首爾大學的前身。

　　這些帝國大學，並未隨著日本帝國的瓦解而消失。雖然多有沿革，帝國大學的名稱也早已不存，但是至今這些大學改制以後，多數仍相當活躍於學術界。

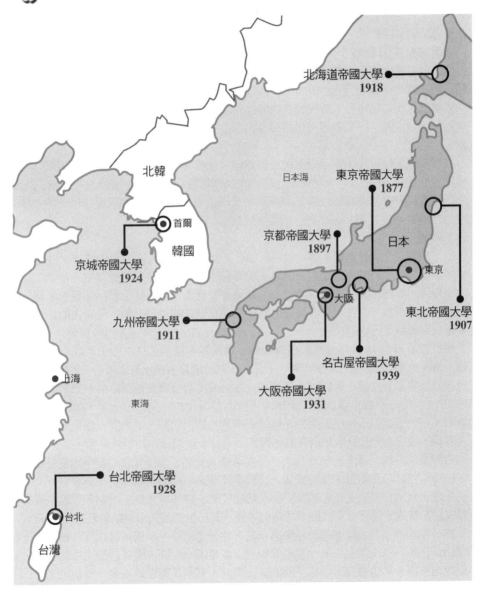

帝國大學分布圖

北海道帝國大學
1918

東京帝國大學
1877

日本海

北韓

首爾

京城帝國大學
1924

韓國

京都帝國大學
1897

日本

大阪

東京

九州帝國大學
1911

東北帝國大學
1907

名古屋帝國大學
1939

上海

大阪帝國大學
1931

東海

台北帝國大學
1928

台北

台灣

UNIT *6-21*
殖民地的經營

　　大日本帝國時代，日本在海外的領土被稱作「外地」或「殖民地」，包括了由臺灣總督府、朝鮮總督府、樺太廳、關東廳、南洋廳各機構統轄的地區。

　　臺灣總督府是 1895 年馬關條約後，負責統治臺灣的日本政治機構。臺灣總督府的首任總督為樺山資紀，初期皆為出身軍隊的武官出任總督。初期的統治方針基本是特別統治主義，也就是意識到台日之間相異之處的統治方式。但在 1915 年後，逐漸轉為將臺灣人民同化為日本國民的內地延長主義。1937 年，隨著戰爭的爆發，更進一步實施皇民化運動，提高臺灣人民對日本的向心力，期待殖民地也能對戰爭做出更多貢獻。

　　在日俄戰爭結束後，戰爭期間被日本軍隊攻佔的樺太島，因樸茨茅斯和約而分別由俄國領有北緯 50 度以北，北緯 50 度以南則割讓給日本。為了統治此一區域，日本成立了樺太民政署作為統制機構，1907 年，又改由樺太廳統治。樺太廳統治時期，樺太一直是作為外地從屬於日本的，直到 1943 年，樺太被編入「北海地方」，正式納入日本內地。

　　除了樺太之外，日俄戰爭後，日本也領有了現今中國東北地方。1905 年，在遼陽設立了直屬於天皇的關東總督府。隔年，隨著日本對滿州地區的政策轉變，裁撤了遼陽的總督府，改在旅順成立關東都督府。關東都督府雖仍掌握關東州，卻受到外務、軍部各單位的牽制。而在第一次世界大戰後，關東地區的軍政分離，分別由關東軍及關東廳負責軍事及民政事務。

　　朝鮮總督府是 1910 年透過「日韓併合」將朝鮮半島納入日本領土後成立的統治機構，由寺內正毅出任首任朝鮮總督。一開始，朝鮮總督府採用的政策是「武斷政治」，也就是以軍政為基礎，嚴厲禁止各種獨立運動或反總督府政治活動的高壓統治方式。在 1919 年的三一獨立運動後，統治方式轉為較緩和的「文化政治」，試圖展開同化教育。之後，因中日戰爭的開始，作為戰爭期的統治體制，開始實行皇民化政策。進一步地，要求他們提供戰爭所需的各種資源，甚至參加日本的對外戰爭。

　　凡爾賽條約後，藉著託管的方式，日本事實上控制了南洋群島。南洋廳就是日本為了統治南洋群島而設置的統治機構，位於帛琉群島的科羅爾島。南洋廳管轄下共有六個支廳，分別是塞班支廳、帛琉支廳、雅浦支廳、特魯克支廳、波納佩支廳、賈魯伊特支廳。後來，隨著太平洋戰爭的情勢發展，關島也被列入南洋廳的範圍之中。

　　在日本統治期間，當地的統治機構多在各地興建鐵路、學校、醫院等各種建設，希望能以這些外地為跳板，進一步地擴張大日本帝國的版圖。隨著各地民情的不同，殖民統治機構通常也會擬定各種不同的統治措施，有些是高壓的威嚇，有些則是文化上的同化。在殖民地的經營上，更有許多不同的階段性措施。

　　不過，這些由日本管轄的外地，最終都在第二次世界大戰後，隨著日本的戰敗而脫離了日本的統治。

殖民地機構分布圖

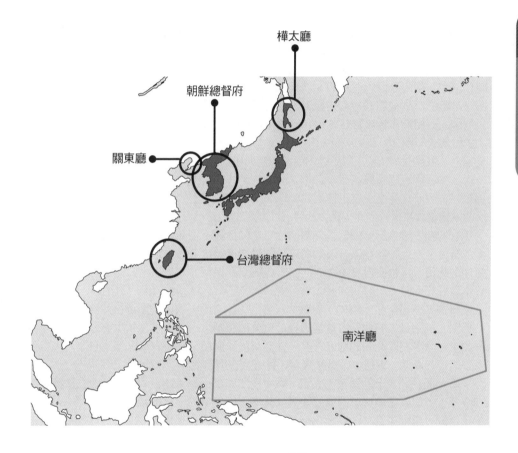

樺太廳

朝鮮總督府

關東廳

台灣總督府

南洋廳

UNIT *6-22*
戰後日本的復興

圖解日本史

　　1945 年 8 月 15 日，隨著昭和天皇向全國人民公開的「玉音放送」，戰爭畫下了句點，日本也進入所謂「戰後」時期。作為戰敗國的日本，迎來的是聯合國軍隊的進駐。直到 1952 年止，日本實質上由以美軍為首的聯合國軍隊統治，在這段軍事占領期間，所謂的駐日盟軍總司令部（GHQ）就是日本最高的統治機構。

　　首先，駐日盟軍總司令部要求天皇放棄統治權以及神聖不可侵犯的特質。自從明治時代以來，明治政府所建立的，以天皇作為全體國民信奉的「現人神」而要求國民為國家奉獻的體制被徹底抹殺。發表了「人間宣言」的昭和天皇，再也不是神聖不可侵犯的神，而僅能作為維繫日本精神的象徵性天皇。這大概是戰後日本政治、社會上最大的改變之一吧。

　　當然，戰後還有一項不得不提的明顯變化。那就是日本國號的改變。明治時代以來，「大日本帝國」逐漸取代了「日本」而成為正式的國號。到了昭和時代，大日本帝國更是日本政府在外交文書上使用的標準名稱。就國際上的觀感而言，此一國號具有較深的軍國主義意象，因此，戰後就要求日本更改國號，改以「日本國」作為正式國號。

　　戰後初期，雖然曾有由盟軍分割統治日本的提議，終究沒有得以實現。也因此，日本才避免了走上如同德國一般的命運。駐日盟軍總司令部決定透過日本政府，進行間接性的統治。這也使得日本政府的基本組織受到保留，而是以修訂憲法等方式來調整日本政府的型態。

　　駐日盟軍總司令部（GHQ）對戰後日本的施政方向，主要是期待日本步上和平國家的道路。解除日本的武裝力量是戰後最重要的課題之一。除了日本本土之外，所有海外領土、戰爭期間佔領的地區等等，都必須解除武裝，將所有軍人遣返日本。未受到戰爭破壞的軍機、軍艦，不是被廢棄，就是被盟軍帶走。

　　同時，配合社會上的民主化政策，戰爭期間與軍部緊密結合的財閥，也在戰後被強迫解體。不但藉著整頓財閥而排除過去資本家所擁有的社經影響力，駐日盟軍總司令部還推動「勞動組合」，以強化勞工方面的組織。這在某種程度上也可以說是對資方的牽制。

　　值得注意的是，駐日盟軍總司令部就連對日本的文化也相當關注。戰後初期，盟軍方面對於日本社會相當陌生，不太能理解日本人民出於什麼樣的原因而如此信奉天皇、投入戰爭。對此，一部分學者提出了日本民智未開，因此容易被操控的理論。當時，甚至有要廢除漢字、假名，改用羅馬字母標記日文，以提升識字率，促進日本社會的進步。沒想到，一旦進行了識字率的調查，結果卻是出人意料之外的高。這也使得以羅馬字母取代漢字、假名的計畫胎死腹中，現在的日本社會也得以繼續保留這些文字至今。

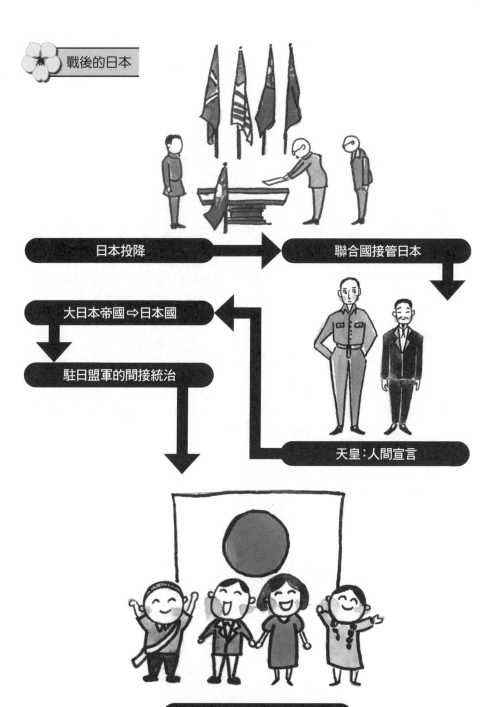

戰後的日本

日本投降 → 聯合國接管日本

大日本帝國 ⇨ 日本國

駐日盟軍的間接統治

天皇：人間宣言

和平化、民主化的日本

第 7 章
現代

本章將介紹戰後的日本，如何從敗戰的困境中重新出發，再次成為東亞大國之一。同時，二十世紀後半再度崛起的日本，又面臨了什麼樣的困難與挑戰。泡沫經濟、超高齡社會、東日本大震災（臺灣稱 311 大地震）都是日本社會持續得面對的課題。

UNIT 7-1
戰後的高度經濟成長

對於現代的日本社會而言，許多重要的建設與社會發展都源自戰後高度經濟成長所帶來的發展。作為敗戰國的日本，當然不可能一開始就處於良好、健全的經濟環境之中，日本如何面對戰後低迷的氣氛，又如何在困難中重建經濟，甚至創造了驚人的發展，這是許多國家都深感好奇的。

戰後初期，日本經濟處於長期的通貨膨脹之中，絲毫沒有經濟復興的徵兆。不過，隨著美俄冷戰的事態漸趨嚴峻，日本作為美國最東端的一道防線，開始出現了經濟復甦的跡象。對於美國而言，要是放任日本低迷的經濟不管，或許日本也會如同俄國、中國一般，成為共產主義發展的根據地。因此，與其壓抑日本的經濟發展，不如協助日本走向資本主義，更能安定社會，減少美國在亞洲地區可能受到的威脅。

一開始，美國對日本經濟下了「經濟安定九原則」，透過駐日盟軍總司令部麥克阿瑟要求日本內閣實行。九原則當中包括了穩定物價、平衡預算、增加稅收等部分，一開始當然是難以實現的。不過，在駐日盟軍的強制要求下，就算是徒具形式的施行，表面上日本的經濟還是得到了一定程度的好轉。

其中，為了強化日本經濟與國際經濟的聯繫，將日本對美金的匯率設定為固定匯率。這一項措施讓日本在未來的經濟發展上打下有利的基礎。同時，增加稅收也是以一般人民的所得稅為對象，放寬對於企業所徵收的營業稅，使得企業有餘裕進一步發展。慢慢地，日本的經濟開始走上軌道，通貨膨脹也得到減緩。特別是韓戰爆發後，日本大發戰爭利市，在外部特殊經濟環境的刺激下，經濟已回復到一定的水準，也為日後的蓬勃發展奠定基礎。

1959 年，日本出現了所謂的「消費革命」。韓戰結束之後，日本的經濟持續高度成長，戰後的復興可以說是達到階段性的目標。各種家電商品的上市，促進了日本國內的消費，更帶動了日本經濟活動的轉變。當時，人們的消費已經不再只是針對生活所需的消費，更新、更好的商品成為促進人們購買慾望的主因。所謂的「三神器」，也就是電視機（那時當然還只是黑白電視）、洗衣機、冰箱，是最能吸引消費者的家電商品。除了三神器之外，到現在還是熱賣品的電鍋、吸塵器也是這一波家電購買熱潮中的大功臣。

1960 年代以後，內閣提出的「所得倍增計畫」更是為日本經濟發展打了一劑強心針。在國內市場已經相當熱絡的當下，當人民的收入都可期待大幅增加，民間的購買力以及投資更是前所未有的爆發。在這樣的背景下，廠商也會為了生產更多、更好的商品而努力，廠房設備的翻新、生產技術的改良，也都是促進日本經濟發展的重要因素。

直到 1970 年代中期為止，日本的經濟成長率一直維持著 10% 的水準。無論是國民生產總額還是各種的經濟統計數字，日本都名列前茅，成為名符其實的經濟大國。

戰後經濟發展階段

經濟安定 九原則

GHQ 要求日本實行

穩定物價、增加稅收

＊GHQ＝駐日盟軍總司令部

韓戰爆發

特殊經濟需求

日本經濟回復

消費革命

經濟持續成長

三神器：電視、洗衣機、冰箱

所得 倍增計畫

購買力大增

促進日本經濟進一步發展

高經濟 成長期

10%的經濟成長率

擺脫戰後陰影

成為經濟大國

UNIT 7-2
安保鬥爭

　　安保鬥爭是日本國內因反對「美日安全保障條約」（簡稱為「安保條約」）而舉行的大規模抗議運動，在 1959 年至 1960 年間及 1970 年各發生過一次。安保鬥爭是日本近現代史上最大型的反政府運動，也是日本國內左翼勢力最大規模的集結。

　　美日安全保障條約在 1960 年由議會強制通過，引發了社會大眾的普遍不滿。所謂的安保條約，是指第二次世界大戰後日本與美國簽署的特定條約，條約中承認作為聯合國軍隊一員的美軍，可以以「在日美軍」的身分繼續駐紮日本。這條在 1951 年簽訂的條約，原有機會在 1958 年修訂，但是，當時岸信介內閣的修訂結果卻讓日本國內大感失望。

　　首先，岸信介內閣所簽訂的新安保條約，規範了日本自衛隊與在日美軍的「共同防衛義務」。乍看之下，共同防衛似乎沒有什麼太大的問題。事實上，條約內容明文規定著，即便攻擊的對象不是日本而是在日美軍，日本自衛隊仍有義務要共同防衛。換句話說，在日美軍的敵人就是日本自衛隊的敵人。對於日本社會而言，這樣的條約意味著日本可能因此捲入美國的戰爭當中。在第二次世界大戰後，日本國內的反戰勢力已成主流，這種帶有潛在戰爭威脅的條約，自然是不受到國民青睞的。另外，條約中還含括了在日美軍的犯罪免責權。這種對於外國人的特權更是不受到人民的支持。

　　當內閣無視人民的意見而強行通過條約，日本國民的憤怒已達到極點。對於無視民主程序的議會，民眾展開了包圍議會的抗議行動。當時，反安保的訴求在連日的包圍行動中，已逐漸轉化為反美、反政府的聲浪。包圍國會議事堂的民眾不斷增加，當中包括了大批的學生。政府為了驅離抗議者，不但動員了右翼勢力和警察，甚至借用了黑道的力量。在大規模的不斷衝突中，導致一名東大學生死亡。最終，國民對於岸信介內閣的信任完全喪失，倒閣運動成為了抗爭的重要目標。

　　第一次的安保鬥爭在岸信介下臺後告終，但是十年後，安保條約到期而將自動延長時，日本國內對於安保條約的反感再度被喚起。日本國內大學開始串連，出現了廣泛的反安保示威運動。當然，社會黨、共產黨等左派政黨也積極組織，全面投入抗議活動。這一次的反安保運動，還包括了「歸還沖繩」的新訴求。不過，第二次的反安保運動，並不像前一次一般得到社會大眾的廣泛支持，學生團體基本上成為 1970 年安保鬥爭的核心。

　　若從結果上來看，安保鬥爭終究是失敗的，直到今日，安保條約仍然有效。不過，現在大概僅剩下沖繩縣有較多的抗議及反對聲浪了。

 安保鬥爭

第一次安保鬥爭	第二次安保鬥爭

1959～1960 發生	1970 年發生
美日安保條約修訂	安保條約將延長
新安保條約	反安保再起
共同防衛義務	大學生運動
反戰勢力反彈	左派政黨加入
包圍議會	反安保示威
反美、反政府	要求歸還沖繩
倒閣運動	無疾而終

UNIT **7-3**
泡沫經濟

　　歷經了戰後的經濟復甦以及高度經濟成長之後，1986 年底至 1991 年初之間，日本歷經了一段經濟過度發展的狀況，這就是許多讀者朗朗上口的泡沫經濟。之所以稱作泡沫經濟，是因為這種過度的經濟成長，並不基於實體的經濟狀況，而是一種遠遠高於實際經濟狀況的膨脹，如同泡沫一般，過度膨脹的結果很快就會打回原形，因此被冠上泡沫經濟之名。

　　一般認為，日本政府的金融政策是導致泡沫經濟的主要原因之一。1980 年代後半，日圓對美元的匯率不斷攀升，重創了日本的出口貿易。為了緩和國際匯率所帶來的經濟衝擊，日本政府開始擴大公共投資，希望能夠將日本經濟由出口導向轉為內需導向的經濟型態。但是，這樣的金融政策卻導致國內經濟的過度成長。同時，當時又發生了石油價格大幅下跌的國際經濟事件，在在刺激了日本國內經濟的過度發展。

　　在這樣的背景下，日本國內的地價以驚人的速度飆升。與此同時，日本的股價也不斷上揚，日本經濟呈現相當樂觀的前景，吸引更多投資人進場。在泡沫經濟的極盛期，日本全國地價的總和，竟然高達美國全國地價總和的四倍。當然，這樣的景氣終究會出現破綻，當高漲的股價、地價出現與現實之間的矛盾，日本經濟也面臨大幅度的衰退。

　　首先，當銀行不再大量貸款給投資客，許多房地產的信用貸款便出現問題。房價、地價都受到波及。原本，投資土地被視為決不會失敗的投資，許多投資客因而過度投資土地。一旦地價下跌，他們的收益便連帶受到影響。泡沫經濟崩壞的第一個指標，便是地價的大幅下跌。事實上，自從泡沫經濟崩壞之後，日本的地價持續下跌了許多年，直到 2005 年後，才有部分地區的地價得以回升。從這一點看來，不難想像泡沫經濟時期的地價究竟膨脹到什麼樣的地步。

　　除了地價之外，銀行過度的融資，也導致金融機構經營上的困境。再加上日本股價大跌，無疑是雪上加霜的局面。許多金融機構甚至因為債務問題而面臨倒閉。最後，日本政府甚至不得不動用公基金來穩定經濟局勢。

　　日本經濟在泡沫經濟崩壞後，面臨了二十年的停滯不前，這段期間被稱作「失去的 20 年」。由於這一波的不景氣發生在平成年間，又被稱作「平成不景氣」（平成不況）。這一段期間內的經濟後退，對日本社會造成了相當大的衝擊。特別是年輕人的就業問題，不只是攸關經濟方面，與日本的社會結構也有很深的聯繫。

　　直到現在，日本經濟仍未能恢復到穩定成長期的水準，更遑論泡沫經濟時期的最高點。許多日本人也擔憂，要是經濟指數再無法回復，日本的經濟可能即將迎接「失去的 30 年」。

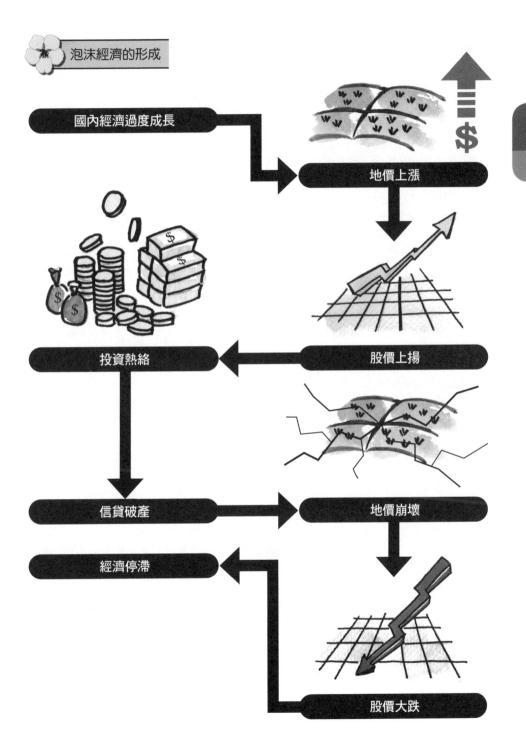

泡沫經濟的形成

國內經濟過度成長

地價上漲

股價上揚

投資熱絡

信貸破產

地價崩壞

經濟停滯

股價大跌

UNIT 7-4
高齡化社會

　　高齡化社會一詞，臺灣人決不會感到陌生。所謂的高齡，指的是 65 歲以上的人口。當 65 歲以上的人口，佔全體社會總人口的 7% 以上時，就是所謂的「高齡化社會」。而比例若是 14% 至 20% 之間，則是「高齡社會」；若 65 歲以上人口達 21%，就進入了所謂「超高齡社會」。

　　日本以長壽聞名，這麼說或許一點也不為過。第二次世界大戰之後，日本的平均壽命便不斷升高。有許多國家甚至開始研究日本人為何能夠特別長壽，並學習他們的飲食、生活習慣。根據世界衛生組織（WHO）2015 年公布的數據，在全球人口平均壽命上，最長壽的就是日本，平均壽命高達 84 歲。而根據日本國內統計資料，2014 年日本女性的平均壽命是 86.83 歲，男性則是 80.5 歲。

　　目前，日本早已在 2007 年進入「超高齡社會」的階段。事實上，日本在 1970 年就達到了高齡化社會的標準，而在 1994 年也已符合高齡社會的條件。日本的高齡人口不但多，高齡化的速度更是驚人。對於現代日本社會而言，人口的高齡化是數十年以來，政府不斷試圖解決的問題。

　　舉例來說，自 1963 年起，日本政府每年都會在老人之日（9 月 15 日）由首相名義贈送紀念銀杯給當年度年滿百歲的人瑞，作為祝壽賀禮。一開始的時候，政府只送出了 153 個銀杯，但在 2012 年以後，政府每年必須送出 25000 個以上的賀禮，2014 年更是達到 29000 個之多，預計 2016 年度就將突破 35000 個大關。由於賀禮消耗了過多的政府預算，目前已有許多檢討聲浪，希望改變這項已經實施了半世紀之久的習慣。

　　當然，贈送禮物給長者還只是一件小事。真正對日本社會造成巨大影響的，還是超高齡社會所伴隨的勞動力不足、社會福利負擔等大問題。

　　現在，日本社會已開始呼籲女性以及仍具有工作能力的銀髮族投入勞動市場。日本的女性經常為了家務而放棄工作，但這樣的生活方式已不符合潮流。對於日本政府而言，女性不但被期待生產，以避免少子化情況的惡化，更被期待要能持續工作，以維持勞動市場的穩定。銀髮族也是如此，過去 65 歲以上的長者即無須工作，但日本社會已經開始思考，若將工作年齡延長到 70 歲，就能掌握更多的勞動力。

　　當然，並不是所有的高齡者都能維持健康狀態，甚至投入勞動市場。有許多高齡者已經沒有獨自生活的能力，生活都必須仰賴他人的照顧。因此，超高齡社會中的另一項關鍵詞，就是「介護」。在臺灣，老人的看護是相當重要的社會福利課題，在日本更是如此。介護保險法正是日本政府為了因應高齡化社會，學習德國的社會福利制度而成立的。不過，配合介護保險而成立的老人中心數量，目前仍不足以平衡日本國內的需求。

　　如何應對日本國內不斷增加的高齡人口，未來仍是日本政府必須審慎面對並解決的課題。

日本人口狀況圖比較

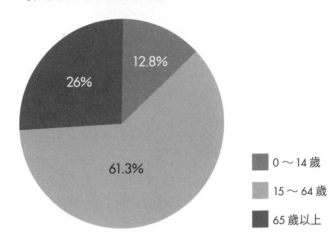

2014 年日本人口狀況

（根據日本總務省統計資料）

12.8%

26%

61.3%

■ 0 ～ 14 歲

15 ～ 64 歲

■ 65 歲以上

其中 75 歲以上者比例甚至達 12.5%，和 2000 年相比，差異也十分明顯。

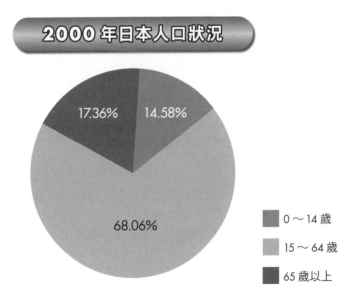

2000 年日本人口狀況

17.36%

14.58%

68.06%

■ 0 ～ 14 歲

15 ～ 64 歲

■ 65 歲以上

UNIT 7-5
東日本大震災

　　2011 年 3 月 11 日，在日本東北方海域發生了大地震。這場地震不但引發海嘯，還使得福島第一核電廠受到波及，是日本近年來發生的最嚴重的自然災害。日本官方將此地震命名為「東日本大震災」，臺灣一般稱作「311 大地震」。

　　日本一直以來都是個地震頻繁的國度。《日本書紀》中已有關於地震的記載，根據考古學、地質學的調查，更可以在日本各處找到許多地震遺跡。古類書《類聚國史》中，「災異部」中即有「地震」此一分類，或許可以說明地震是日本自古以來不斷重複發生的災難之一。

　　同時，《日本書紀》中還有「土左國田苑五十余萬頃，沒為海」、「大潮高騰，海水飄蕩。由是，運調船多放失焉」的記載，應可以理解為對於地震之後所發生的海嘯的描述。這也是日本史上最早的海嘯的相關記載。土佐國的位置相當於今日日本四國高知縣，當地面向太平洋的海域曾發生多次重大地震。天武十三年的此次地震被稱作「白鳳地震」。

　　事實上，白鳳地震是日本歷史上最早的有詳細時間、地點以及受災狀況記載的地震。根據地質學者的調查與推算，白鳳地震的震度規模以現行日本氣象廳標準計算約為 8.4 級左右，若同樣以日本氣象廳使用的震度標準，與日本近二十年來的大地震相比，1995 年發生的阪神大震災的震度為 7.3 級，2004 年的新潟地震為 6.8 級，2011 年的東日本大震災則為 8.4 級，透過這些數據，可以想見白鳳地震的規模。

　　即便在科技發達的現代，東日本大震災所帶來的影響仍是相當難以抵擋。這場地震造成一萬八千多人失蹤、罹難，建築物全毀、半毀共計將近 40 萬件，直到 2015 年 6 月，仍有 20 萬人無法回到家園。

　　這場地震對岩手縣、宮城縣、福島縣造成最大的衝擊。地震、海嘯不但直接破壞了當地的建築、公共建設，也嚴重打擊了當地的經濟。因地震而失業的民眾、倒閉的企業不計其數。直到現在，日本政府的復興工作都還未能徹底完成。

　　為了因應震災之後的復興工作，日本政府在 2012 年設立了「復興廳」，專門負責災後重建的相關事務。復興廳的前身是東日本大震災復興對策本部，是臨時性的政務機構，預定將於震災發生 10 年後，也就是 2021 年 3 月完成階段性任務後廢除。

　　由於東日本大震災不單是地震、海嘯造成的災害，福島核電廠造成的核能外洩也是讓日本民眾感到擔憂的。大量的放射性物質可能對空氣、土壤、海洋造成的污染，致使不少民眾自主性地移住到不會受到污染的關西地區。然而，由於關西地區並不屬於日本政府指定的避難區域，這些所謂「自主避難」的民眾，就無法獲得政府的賠償金，造成不小的反彈。

　　現在，雖然日本政府不斷呼籲民眾重返家園，也有不少人懷抱著復興故鄉的理念，回到災區開始發展農業，日本社會受到震災的影響仍未完全平息。

影響全日本的大地震

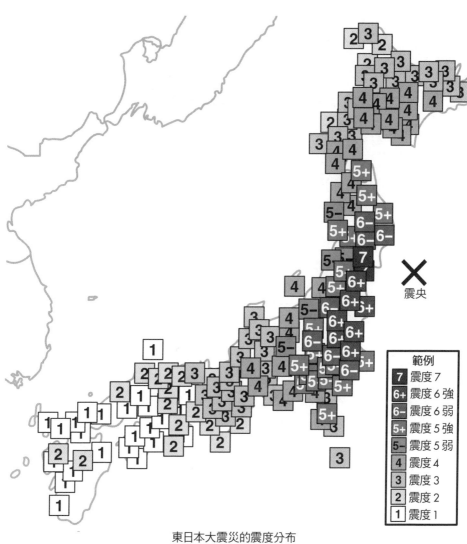

東日本大震災的震度分布

國家圖書館出版品預行編目資料

圖解日本史／郭珮君著. －－初版.－－臺北
市：五南，2016.05
　面；　公分
ISBN 978-957-11-8585-9（平裝）
1.日本史
731.1　　　　　　　　　　105005083

1WM4

圖解日本史

作　　者 ― 郭珮君

發 行 人 ― 楊榮川

總 經 理 ― 楊士清

副總編輯 ― 黃文瓊

主　　編 ― 朱曉蘋

封面設計 ― 劉好音

美術設計 ― 劉好音

出 版 者 ― 五南圖書出版股份有限公司

地　　址：106台北市大安區和平東路二段339號4樓

電　　話：(02)2705-5066　　傳　　真：(02)2706-6100

網　　址：http://www.wunan.com.tw

電子郵件：wunan@wunan.com.tw

劃撥帳號：01068953

戶　　名：五南圖書出版股份有限公司

法律顧問　林勝安律師事務所　林勝安律師

出版日期　2016年5月初版一刷
　　　　　2018年8月初版二刷

定　　價　新臺幣280元